“十二五”职业教育国家规划教材
经全国职业教育教材审定委员会审定

商贸类

消费者行为分析与实务

（第二版）

主编／王生辉　张京红

中国人民大学出版社
·北京·

前言

自2016年本书第一版出版以来，随着我国经济的持续发展、数字经济时代的全面到来以及其他外部环境的变化，消费者市场和消费者行为呈现了一些新的特征，消费者行为理论也产生了一些新的研究成果。此次修订，是在第一版的基础上，对该书所做的进一步的改进和完善，目的是跟上消费者行为实践和理论的新发展，更好地服务于职业学校在该门课程上的教学需要。

在此次修订的过程中，基本保留原有的框架、编写体例和特点，主要对内容做了一些更新、增补和删减。具体来说，此次修订的内容主要有：

（1）对一些数据和案例材料进行了更新和替换。在案例及相关材料的选择上，紧跟中国经济发展的步伐，体现中国消费市场的特点，重点选取与中国企业密切相关的营销案例以及在中国消费市场上蓬勃发展的网络购物和网络消费案例，进一步体现教材的时代感。

（2）对有关理论与知识点进行了适当更新和修订，主要是“知识链接”的更新和替换，以更好地体现消费者行为研究的新成果。与此同时，也删减了一些略显过时及稍显冗赘的理论，使得本书的内容更为精练、针对性更强，进一步突出理论与知识的“必需、有用、够用”。

（3）除了原有的复习思考题、实训题和案例分析题之外，在每一章都增加了以二维码形式链接的即测即评，以使学生无论是在传统的课堂教学模式下，还是在新兴的网络教学平台中，都可以便捷地通过在线测试，检验学习效果、提高学习效率。

本书由中央财经大学、新疆财经大学王生辉和北京语言大学张京红主持修订，中央财经大学谢梦迪、王臻、武晨和绪泽参与修订。具体分工如下：王生辉，第一章、第二章；王生辉、谢梦迪，第三章、第四章；张京红、王臻，第五章、第六章；张京红、武晨，第七章、第八章；张京红、绪泽，第九章、第十章；张京红，第十一章。全书由王生辉和张京红审稿、统稿。

本书的修订完成，除了归功于上述各位的努力之外，还要感谢本书第一版所有参编人员曾经付出的努力和所做的工作。他们是：黎娟、许葵、宋敏、苗月新、肖婷婷、刘美蓉、叶艳明、朱琳、唐芳、王毅、李季、徐茵、彭佑元、杨智寒、朱倩倩、陈乾、汤光磊、徐林森。同时，非常感谢中国人民大学出版社的李剑老师和其他各位编辑老师所给予的支持。

本书的编写及修订，参考和引用了国内外众多前辈、同行的著作和研究成果，同时，也摘录、引用与改编了一些报刊和网络的报道、报告和观点。我们尽可能地在书中和书后的参考资料中进行了列示。对那些由于我们工作的疏漏而未能标注和列示的学者及相关领域专业人士，表示深深的歉意！在此，谨对所涉及的各位专家、学者、作者和机构表示诚挚的感谢！

由于水平有限，书中难免存在错误和不当之处，敬请广大读者和同行批评、指正，以便我们在未来进一步修订和完善！

王生辉　张京红

目录

第一章

导　论

通过本章的学习，读者应了解和掌握：

- 消费者和消费者行为的概念；
- 消费者行为的特点；
- 研究消费者行为的意义；
- 消费者行为学的研究任务。

导入案例

中国青年网对全国1 008名大学生进行问卷调查的结果显示，2019年“双十一”期间，大学生购买的主要商品是衣服、生活和化妆用品，近八成学生网购花费金额在700元以内，超八成学生选择在“双十一”期间网购的原因是商品有折扣，超六成学生认为“双十一”消费应该量力而行。

调查结果显示，71.94%的大学生购买了衣帽服饰，其次为生活用品、化妆用品、零食饮料和学习用品，所占比重分别为55.21%、44.79%、26.64%和15.06%。有77.6%的大学生“双十一”当天消费不足700元，其中，100元以内的占14.41%，100～300元的占27.16%，300～500元的占22.65%，500～700元的占13.38%。大学生们选择“双十一”期间网购的主要原因是商品有折扣，占82.5%，其次为拼单有优惠和商家宣传活动有吸引力，各占10.04%和5.41%。在消费理念上，认为“双十一”购物要量力而行的占65.38%；其次为该买就买的占32.82%；还有1.8%的学生认为可以分期付款，进行超前消费。

作为一名在校学生，你是否参与过“双十一”网购？你的消费理念是什么？你有没有想过哪些因素会影响你购买什么和支出多少？

资料来源：《消费调查：这个“双十一”大学生都买了什么？怎么支付?》，见https://www.thepaper.cn/newsDetail_forward_4935540，有改编。

进入21世纪以来，随着经济全球化的进程不断推进和网络经济的不断发展，无论是在传统制造业还是新兴服务业，企业都需要应对越来越激烈的市场竞争，以及消费者需求偏好与行为特征变化所带来的新挑战。在这种背景下，企业必须分析、了解和掌握消费者行为的特征和规律，并在此基础上制定有效的营销策略。

第一节　消费者行为的概念及特点

一、消费者与消费者行为

所谓消费者，指的是购买、使用各种消费用品（包括服务）的个人和居民户。除了消费者之外，产品和服务的购买、使用者还包括企业、学校、政府机关和其他组织，它们被称为组织用户。例如，家庭主妇购买面粉回来制作面食供全家人食用，则该主妇及其家人就是面粉这种产品的消费者，而生产方便面的企业采购了面粉，作为原料加工成方便面以供销售之用，那么该企业就是面粉这种产品的组织用户。

消费者行为是指“消费者为了满足其需求和欲望而进行产品与服务的选择、采购、使用与处置，因而所发生的内心里、情绪上以及实体上的活动”[①]。从这一定义当中，我们可以看出，消费者行为主要包括与购买决策相关的心理和实体的活动。心理活动包括评估不同品牌的属性、对信息进行归纳分析以及形成内心决策等。实体活动则包括消费者搜集产品相关信息、到购买地点与销售人员进行沟通和交流以及产品的实际消费和处置。对消费者行为决策的研究重点在于：消费者购买什么？他们为什么购买？什么时候购买？在哪里购买？购买的频率有多高？他们如何使用产品？上述这些活动可以归纳为对三大类活动的探讨，即对获取产品的活动、消费产品的活动和处置产品的活动的探讨。

（一）获取产品的活动

消费者行为发生在消费者与企业的交换过程之中，这一过程包括一系列的步骤，从获取阶段开始，然后到消费，最后以对产品或服务的处置而告终。在探讨获取产品的活动时，主要是分析影响消费者选择产品和服务的因素。例如，在中国，宝洁公司根据不同消费者在购买洗发水时追求的利益不同而进行了市场细分，并推出多个品牌的洗发水满足这些需求。海飞丝突出的是去头屑功能，强调“头屑去无踪，秀发更出众”；飘柔主打“柔顺”这一概念，强调“飘逸柔顺”；潘婷把重点放在对头发的营养保健上，强调“营养头发，更健康更亮泽”；沙宣则瞄准了美发定型这一特性，强调“我的光彩来自你的风采”。由于准确把握住了消费者对洗发水的需求，宝洁公司在洗发水市场上处于明显的领先地位。

（二）消费产品的活动

对消费产品的活动的分析主要针对消费者何地、何时以及在何种状况下如何消费产

---

① 林建煌. 消费者行为学. 北京：北京大学出版社，2004：4.

品。重点在于消费者如何实际使用所购买的产品以及他们从使用当中得到了什么体验。消费活动的研究对于服务行业格外重要。例如，在以注重服务细节著称的海底捞火锅店，服务员会给排队等候就餐的顾客送上“小点心拼盘”，免费提供擦皮鞋、做美甲等服务，此外还提供老花镜、扎头发用的发圈等一系列日常用品供顾客免费使用，使得顾客可以获得良好的体验。

（三）处置产品的活动

处置产品的活动指的是消费者在使用完产品之后如何处理产品本身及其包装，除此之外，这类活动还包括消费者在购买商品或服务后所体验到的满意程度，以及由此所引发的反应（例如抱怨、申诉、重购与忠诚度等）。

就产品处置来看，产品在使用前、使用后及使用过程中均有可能发生产品或产品包装容器的处置。在美国，除了工业废弃物，每年都有数千万吨的家庭和商业废弃物产生，很多垃圾场由于废弃物的大量产生而被迅速填满，而人们对与二氧化碳、铅、汞有关的环境污染问题的关注与日俱增。在这种情况下，很多消费者都将产品能否回收处理作为购买决策的一项重要内容。

就消费者的满意程度来看，许多公司都在追求顾客的高度满意，因为那些只是感到一般满意的顾客如果发现更好的产品就会转而去购买这些产品，而那些高度满意的顾客则一般不会轻易从其他企业那儿购买。施乐公司相信，高度满意的顾客给企业带来的价值是一般满意顾客给企业所带来价值的 10 倍，因为高度满意的顾客愿意持续与施乐公司打交道，并且购买更多的施乐产品。

二、消费者行为的特点

一般来说，消费者行为具有下述特点。

（一）消费者行为是受动机驱使的

消费者行为并不是一种漫无目的的行为，而是在一定目标引导下、受各种动机驱使的。例如，消费者购买食品这一行为背后，就存在着解除饥饿感这一动机。当然，消费者行为背后的动机并不一定是能很直观地察觉到的，很多动机都非常隐蔽和复杂。例如，如果我们询问某个人为什么会穿某个品牌的服装，得到的答案通常是“这个品牌很流行”“我的朋友都穿这个品牌”“这个品牌穿上后感觉很舒服”“这种品牌看起来很适合我”。除了这些原因之外，很可能还有这个人不愿意承认或没有意识到的其他原因，例如“这个品牌能显示我的富有”“这个品牌使我显得漂亮”“这个品牌使我显得有品位”。以上这些动机都会影响对于某一品牌服装的购买。

（二）消费者行为包含许多不同的角色

消费者行为包含不同的活动，自然也就存在不同的角色。关于在消费过程当中消费者所扮演的角色类型，目前有许多不同的分类。最常见的是将消费者的角色划分为五种，即提议者、影响者、决策者、购买者和使用者。消费者可以同时担当多个角色，同时，某一购买决策也往往会涉及众多的参与者。例如，小强向爸爸妈妈提出要买一台 iPad mini 用于学习和娱乐，在爸爸的大力支持下，最后妈妈同意了，然后爸爸带着钱到苹果专卖店去购买，买回来之后给小强使用。在这个例子当中，就涉及了三个参与者：

小强（提议者、使用者）、爸爸（影响者、购买者）、妈妈（决策者），见图 1－1。分析不同购买决策参与者所扮演的不同角色，对于企业选择促销手段和方式，具有非常重要的意义。

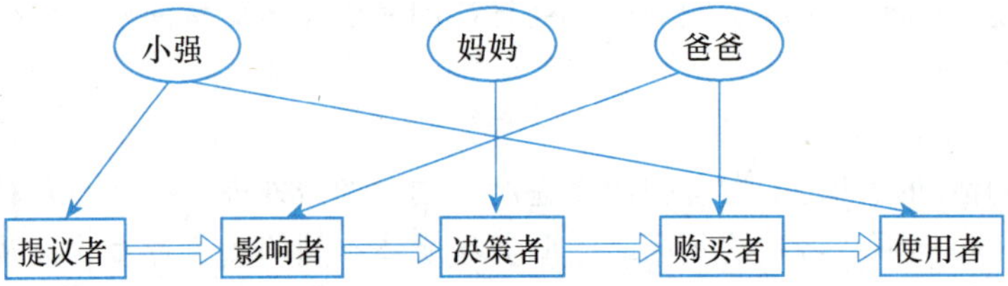

图 1－1　不同购买决策参与者所扮演的不同角色

（三）不同消费者的消费行为不同

不同消费者在需求、偏好以及选择产品的方式等方面各有侧重，互不相同。正因为消费者行为存在着这种差异性和独特性，因此企业可以相对应地进行消费者的市场细分。市场细分的前提是市场中的消费者具有不同的需要和消费行为，企业必须发展不同的营销策略以满足不同消费者的需要。市场细分的目的是将一个具有不同需求的市场划分为若干具有相似需求的小的市场，这种划分的基础就在于消费者行为具有差异性和独特性。

（四）消费者行为是可以诱导的

消费者有时候并不能清楚地意识到自己的需要，企业可以通过提供合适的产品来激发消费者的需要，也可以通过有效的广告宣传、营业推广等促销手段来刺激消费者的购买欲望，有时候甚至能影响他们的消费需求，改变他们的消费习惯，更新他们的消费观念。例如，在第二次世界大战期间，为节约粮食、支援前线，美国政府鼓励民众多吃动物内脏，但是，受传统文化与习俗的影响，美国人没有吃动物内脏的习惯。心理学家 K. 勒温（K. Lewin）经研究发现，如果主妇不接受吃动物内脏这一观念，家庭其他成员就不会吃到动物内脏。主妇在这一消费活动中起决策作用。于是政府将宣传对象定为家庭主妇，收到一定的效果。

在保证消费者具有选择自由并合乎相关法律规定的前提下，对消费者施加影响、进行诱导，是企业追求市场份额和利润的一种正常选择。但是，企业必须注意不能采取欺骗、垄断等违法方式干涉消费者的选择自由，否则就会引起一些问题，导致法律和政府的干预。

知识链接 1－1

《中华人民共和国广告法》第 56 条规定：“违反本法规定，发布虚假广告，欺骗、误导消费者，使购买商品或者接受服务的消费者的合法权益受到损害的，由广告主依法承担民事责任。广告经营者、广告发布者不能提供广告主的真实名称、地址和有效联系方式的，消费者可以要求广告经营者、广告发布者先行赔偿。”

（五）消费者行为受多种因素影响

消费者行为会受到各种因素的影响，这些因素可以分为三类，即消费者自身因素、外部环境因素和市场营销刺激因素。

（1）消费者自身因素，指的是消费者内在的心理机制和力量，具体包括知觉、学习、态度、动机、个性、自我概念和生活方式。

（2）外部环境因素，指的是外部的环境和人际互动的力量。常见的外部因素包括文化、亚文化、社会阶层、家庭、参照群体和经济等因素。

（3）市场营销刺激因素，主要指的是产品、价格、分销、促销这四个因素。

※实例链接 1-1

受 2020 年上半年新冠疫情的影响，许多人的消费心理和消费习惯发生了巨大的改变。疫情之前，许多人更关注商品的品牌化和高端化，比如购买时尚品，不仅是满足自己的需求，还需要获得他人的赞同和赞赏。而受疫情的影响，人们更加关注商品的价格和品质，认为该花的就花，不该花的则省。特别是年轻人的消费行为更趋理性。有数据显示，2020 年 6 月在拼多多购物的“90 后”人数接近 1 月的 12 倍，疫情后，越来越多年轻人正向“多多党”靠拢，从原来的不屑一顾到享受“薅羊毛”的快乐。

第二节 研究消费者行为的意义

一、从企业的角度来看，有助于制定市场营销战略

从某种程度上来讲，所有的营销战略和策略都是建立在对消费者行为理解的基础之上的。深入研究消费者行为，可以使企业获得可运用于管理实践的消费者行为知识，并以此为基础制定切实可行的营销战略，减少决策性失误。下面，我们对市场营销战略和消费者行为之间的几个关系进行探讨，从中可以看出消费者行为研究对于企业制定营销战略的重要意义。

（一）消费者行为与市场细分

市场细分就是找出具有相同或类似需求的消费者群体，该群体被称为一个细分市场。由于每一细分市场都有着独立的需要，因此针对该需要制定和实施相应的营销策略比起采用无差异策略服务于多个细分市场的情形，能够使消费者获得更大程度的满足，也会使企业的营销取得更好的成效。

❖实例链接 1-2

随着智能手机功能不断完善，方便的操作使得越来越多的用户把手机当作搜索信息、制定购买决策和进行购物的工具。益百利（Experian）最近的一项研究将手机用户分为五个细分群体：

1. Mobirati（19%）——比较年轻，手机伴随着他们的成长，生活中以手机为中心。这部分人用手机购物的兴趣较高，愿意接受广告，并采用这些广告信息来决定消费活动，如去哪里吃饭。

2. 移动专业人士（17%）——较年轻和较年长的人都有，他们在工作和个人生活中经常使用手机，认为手机功能至关重要。这部分人使用手机除了打电话之外，还使用其他功能，他们需要通过手机获取各方面的信息。

3. 社会联系者（22%）——比较年轻，认为沟通很重要，移动设备能帮助他们增强社会联系。这部分人认为短信沟通就像"真实"的谈话，手机联结了他们与外部世界。

4. 务实采纳者（21%）——比较年长，手机是后来出现在他们的生活中的。这部分人除了用手机打电话以外，还要学习使用手机的其他功能。对这些人通过手机开展营销也很重要，因为他们属于高收入群体，购买力强。

5. 基本规划者（21%）——比较年长，不接触智能手机或高科技。这部分人只有在紧急情况下使用手机，也仅限于使用手机的基本功能。

进行市场细分的依据有很多，消费者行为就是其中重要的一项。例如，不同消费者群体的需求价格弹性是不同的，也就是说他们对产品或服务价格的变化会做出不同反应。对于航空公司来说，高收入者、商务旅行者的需求价格弹性相对较小，他们愿意为更宽敞的座位和更高水平的服务而支付更多费用，航空公司为这些群体提供商务舱和头等舱；而可以提前预订航班的度假者和可能因为飞机票太贵而改为采用其他旅行方式（如火车）的人的需求价格弹性相对较大，航空公司为这些群体提供经济舱和打折机票。

（二）消费者行为与产品定位

产品定位是企业根据市场竞争状况和自身资源条件，形成和发展自身产品的差异化特征，并将这种特征进行传播，使产品在顾客心目中获得一个优于竞争对手的独特位置。进行产品定位的方法有多种，而研究消费者的行为和心理，则是进行有效产品定位进而制定有效营销战略并从竞争中脱颖而出的前提。

（三）消费者行为与新产品开发

新产品的开发源于产品创意，而许多好创意都是来源于对消费者需要和欲望的分析。企业通过研究消费者对当前产品的态度，可以确定消费者所需的特殊的产品特征。如果确认现有产品不具备消费者想要的特征，就可能找到开发一种新产品的机会。

❖实例链接 1-3

印度人爱吃咖喱，但咖喱的污渍非常难清洗。作为食用油和颜色亮丽的香料掺杂在一起的混合物，如果不小心把咖喱蹭在身上，那是一件很麻烦的事情。为了解决这个问题，日本松下电器最近在印度市场推出了一款带有“清洗咖喱污渍模式”的洗衣机——StainMaster，它带有 15 种清洗模式，还包括清洗酱汁和油渍等模式。

起初，松下电器从印度消费者那里听到不少抱怨，称现在市面上的洗衣机都搞不定咖喱这种难洗的污渍，于是松下就找了一些专家来分析印度家庭经常食用的咖喱餐中的原料成分，接着花了两年的时间测试水温和水流，最终研究出最佳的清洗程序。

资料来源：《对于爱吃咖喱的印度人民，松下推出了可以清洗咖喱污渍的洗衣机》，见 http://tech.ifeng.com/a/20170314/44553822_0.shtml。

（四）消费者行为与产品定价

消费者行为理论在定价方面的一个主要应用，就是预测价格变化对消费者可能造成的影响。如果降低价格，必须降得足够低，这样消费者才能感觉到价格发生了变化。相反，如果提高价格，大多数情况下，企业会选择消费者感觉不出来的提价幅度。零售商通常认为，降价至少要达到20%消费者才会意识到。例如，如果一套服装标价 300 元，必须降价 60 元对销售才有促进意义；而如果标价为 3 000 元，要使降价策略有效，其降价幅度应该达到 600 元。

（五）消费者行为与渠道选择

渠道选择的目的是让顾客在需要的时候能够买到产品，有效的渠道决策应建立在掌握消费者在何处购买的信息的基础之上。对于不同的产品，消费者往往习惯于通过不同的渠道购买。随着互联网的普及，越来越多的消费者开始采用网上购物的方式，这也促使很多传统企业加速进军网络零售市场，网络已经成为一种重要的新兴营销渠道。

知识链接 1-2

中国互联网络信息中心（CNNIC）发布的第 45 次《中国互联网络发展状况统计报告》显示，截至 2020 年 3 月，我国网民规模为 9.04 亿，互联网普及率达 64.5%，网络购物用户规模达 7.10 亿，占网民整体的 78.6%。2020 年 1—2 月份，全国实物商品网上零售额同比增长 3.0%，实现疫情中的逆势增长，占社会消费品零售总额的比重为 21.5%，比上年同期提高 5 个百分点。庞大的网民构成了中国蓬勃发展的消费市场，也为数字经济发展打下了坚实的用户基础。

（六）消费者行为与促销策略

对于营销管理人员来说，消费者行为的特征在促销策略上有着广泛的应用。以广告为例，在确立广告的主题和表现手法时，对目标市场的消费者的动机和心理特征进行分析是必不可少的。

❖实例链接 1-4

戴比尔斯在进入中国市场时采用的广告语“钻石恒久远，一颗永流传”被认为是广告的经典之作。这句广告语的前半句描述了钻石恒久不变的品质，后半句则迎合了人们对于坚贞爱情的期许和追求。这句经典的广告语改变了中国人婚庆以佩戴黄金、翡翠为主的传统局面，进而形成了中国人“无钻不婚”的全新理念。

二、从政府的角度来看，有助于制定保护消费者权益的政策

消费者在购买、使用商品和接受服务时，享有人身和财产安全不受损害、知悉真实情况、自主选择和公平交易等多项权利。而保护消费者的这些权利，则是政府的一项重要职能。

例如，虽然近年来网络购物迅速发展，但这种消费方式因消费者主要通过经营者提供的图片、文字、别人评价等选择商品，不易辨别商品的真实性，使得消费者在购买后因感觉不满意而产生的投诉持续增加。针对消费者行为的这种新现象，2014 年修订实施的《消费者权益保护法》新增了七日无理由退货、网购等非现场购物信息披露和网络交易平台提供者责任三个部分，强化了对消费者权益的保障。

政府对消费者权益的保护，离不开对消费者行为的深入理解。建立在消费者行为分析基础之上的法律和政策措施，能够更加有效地实现保护消费者权益的目的。例如，加拿大的《魁北克消费者保护法》禁止对 13 岁以下的儿童做商业广告。之所以对广告施加这些限制，是因为大多数的研究表明，儿童缺乏认知和处理消费信息的能力，他们通常不能正常区分电视节目和广告，也容易对广告中的词和短语产生误解。

三、从消费者自身来看，有助于采取理性而成熟的消费行为

研究消费者行为对于消费者自身来说，也具有十分重要的意义。我们每天都在进行消费行为，具有较为丰富的消费者行为知识可以使我们更准确地识别影响自身消费行为的因素，采取更加明智和有效的购买行为，避免落入各种消费陷阱之中。另外，我们每天都暴露在大量的营销信息之下，成千上万的公司耗费巨资采用广告、打折和抽奖等各种手段试图影响我们、我们的家人和朋友。面对这些劝诱和说服，我们只有准确地理解或把握这些诱导性的策略，才能使自己不被开展这些活动的企业过度操纵。

第三节 本书的主要内容

一、消费者行为学的研究任务

消费者行为学的研究任务有三项：

（1）揭示和描述消费者行为的表现，也就是通过科学的方法发现和描述消费者存在哪些行为。这个任务也就是观察现象，描述事实。例如，消费者平时经常到哪家商店购买商品，经常购买的品牌是什么，购买频率和购买量是多少，价格是多少，要求提供哪些服务等，这都是一些客观存在的事实。

（2）揭示消费行为的规律性，也就是说明消费者采取某种消费行为的原因。把观察到的已知事实进行联系和组织，并提出一定的假说对这些事实发生的原因及其相互关系进行说明。例如，解释说明消费者购买高档轿车，是为了作为交通工具，还是想要显示其身份和社会地位，抑或是受其所在社会群体的影响等。

（3）预测和引导消费者行为。企业开展营销活动不仅是为了满足消费者的现实需要，而且还要寻找和发现消费者的潜在需要，通过一系列的营销活动，将其转化为现实需要并加以满足。而要做到这一点，企业就必须进行科学的预测，了解消费者行为的规律性，通过设置或改变某些条件来引导和控制消费者行为。

二、本书的主要内容

消费者行为学的三项研究任务均在本书的框架中得到体现。具体来说，本书的主要内容是：

（1）消费者行为学导论。主要是介绍消费者与消费者行为的概念，消费者行为的特点，研究消费者行为的意义，本书的主要内容等。这部分内容将在第一章进行论述。

（2）消费者购买决策过程。主要是完整地介绍消费者基于某一特定问题所引发的购买决策程序与各个阶段的相关活动，具体指的是消费者购买过程的五个阶段，即问题确认、信息搜集、方案评价与选择、购买决策和购买后的行为。这些内容将在第二章进行介绍。

（3）消费者的心理研究和行为研究。主要是介绍支配消费者行为的内在心理活动过程、特点和规律。具体包括消费者的知觉、学习和态度，消费者的需要和动机，消费者的个性、自我概念和生活方式。这一部分内容将在本书的第三章、第四章、第五章中加以论述。此外，本书还专门安排一章，也就是第六章，对消费者群体的心理与行为进行了分析。

（4）外部环境对消费者行为的影响。消费者的行为除受内在心理的影响之外，还受外部环境的影响。本书主要从参照群体、社会阶层、家庭、文化、亚文化和经济因素等方面进行了探究。这部分内容将在第七章和第八章中进行论述。

（5）营销组合策略对消费者行为的影响。前面已经提到，消费者行为研究对于企业制定营销战略具有非常重要的意义，反过来，企业的营销战略特别是营销组合策略也会对消费者的行为产生不容忽视的影响。本书主要从产品、价格、广告和购物环境四个方面进行了分析。具体内容将在第九章和第十章中进行论述。

（6）购后心理与行为。主要是介绍消费者在购买之后对产品的使用与处置、顾客满意及顾客忠诚的问题。这些行为虽然是发生在某一次具体的购买活动结束之后，但对于消费者的再次购买却具有非常重要的影响。具体内容将在第十一章进行分析。

本章小结

1. 消费者指的是购买、使用各种消费用品（包括服务）的个人和居民户，而消费者行为是指“消费者为了满足其需求和欲望而进行产品与服务的选择、采购、使用与处置，因而所发生的内心里、情绪上以及实体上的活动”。消费者行为可以归纳为三大类活动，即获取产品的活动、消费产品的活动和处置产品的活动。其特点表现为五个方面。

2. 进行消费者行为研究的意义，从企业的角度来看，有助于制定市场营销战略；从政府的角度来看，有助于制定保护消费者权益的政策；从消费者自身来看，有助于采取理性而成熟的消费行为。

3. 消费者行为学的研究任务包括揭示和描述消费者行为的表现、揭示消费行为的规律性以及预测和引导消费者行为。

关键概念

消费者　消费者行为

思考与训练

一、复习思考题

1. 消费者行为包括哪几类活动？
2. 消费者行为有哪些特点？
3. 研究消费者行为的意义是什么？
4. 消费者行为学的研究任务是什么？

二、实训题

1. 就你最近进行过的一次购买行为，从下述方面分析你作为一名消费者在这次购买当中的行为特征：

（1）你为什么要进行这次购买？

（2）在这次购买当中，你的同学、朋友和家人担当了什么样的角色？

（3）你的购买行为都受到了哪些因素的影响？试列出 3～5 个。

2. 从下面三个不同角度，谈谈你对于为什么要学习消费者行为知识的认识。

（1）从一名普通消费者的角度。

（2）从一名营销经理的角度。

（3）从一名中国消费者协会工作人员的角度。

三、案例分析题

阅读下面的案例，并完成讨论。

2020 年 4 月，薇娅卖掉了一枚约 4 000 万元的火箭，准确来说应该是火箭发射服务。上个月，她的直播观众人数创下新高，达到 3 700 多万人次——人气超过了《权力的游戏》大结局和奥斯卡颁奖典礼等。

在每个直播之夜，薇娅可以引导数百万美元的销售额。她的观众大多数购买的是化妆品、家用电器、预加工食品或衣服。不过，薇娅也会推荐房子和汽车。在“双十一”购物狂欢节那天，她带动的销售额超过了 30 亿元人民币。新冠肺炎疫情的暴发，让很多中国老百姓宅家不出，薇娅的直播收视率也因此翻了一番。

薇娅觉得自己就像是帮助消费者做决定的那个人，需要考虑他们的需求。在 2020 年 5 月的一个晚上，她身穿白色 T 恤、黑色休闲裤，搭配一顶洋基队棒球帽和一对银色长耳环，正在准备直播。这些东西也都会在当晚直播间里出售。她说，她特意打扮得让自己看上去比较随意一些，这样可以快速拉近与观众的距离，因为大多数观众大概率都是穿着居家服在家看直播。

“具体来说，我的目标就是为粉丝推荐来自全球的优质产品，”她说，“门铃、地毯、牙刷、家具、床垫等，各种他们可能需要的东西。”当然，薇娅对价格也十分敏感。她拿着一个和 Zippo 风格相似的打火机说：“他们卖 399 元，然后想让我们卖 389 元，这不可能。继续跟他们谈，价格压到 300 元以下。”

不过，光是物美价廉已经不足以在中国竞争激烈的市场上突围，更不用说赚大钱。新加坡 INSEAD 商学院的社会心理学家安迪·亚普（Andy Yap）认为，薇娅的直播可以作为销售技巧的大师级模板。她既有颜值又有才华，坦白真诚毫不做作。

这与薇娅的经历有关。2005 年，她参加了安徽的电视真人秀比赛《超级偶像》。有一段时间，她还组建了一支乐队。只是，几经周转后，她最终回到了零售行业，和丈夫在西安开了一家商店；等到 2012 年，又转战线上业务。当淘宝在 2016 年启动首个直播计划时，薇娅是第一批尝试者。正是这样的背景，使得融合了表演与销售的直播，尤其适合薇娅。2020 年春天，她来到刚刚从疫情中恢复的武汉，为这里的产品做直播推广，探寻当地的美食小吃，如小龙虾和鸭脖等。她一边对美食赞不绝口，一边实时回答观众的提问，比如快递到偏远西部城市是否包邮或者这款零食有多辣等。

当然，所有商品都价格优惠。每次，购买链接都在薇娅做完推荐、然后倒数“5、4、3、2、1”结束后，才放出来。如果商品太火爆一下子就卖空了，她有时候会代表消费者向不在镜头前的供应商“讨要”更多现货。INSEAD 的亚普说：“在直播过程中，由于时间更短，可能参与抢购的观众更多，这种马上缺货的紧张感更加明显，也更容易促使人们消费。”

与此同时，阿里巴巴的技术也让购买异常轻松。观众只要登录淘宝就能加入直播，他们的收货地址和支付信息已经在后台存储。薇娅不时地也会在直播时使用淘宝上的抽奖功能，向观众赠送礼物，从而调动观众互动并吸引他们点击。当购物者选择一款产品后，直播窗口会变小，但不会消失。交易完成后，直播窗口又恢复原样。用户可以继续观看薇娅的直播。

当然，薇娅的影响力来自她在粉丝中的人气，她和她的团队也在相应地培养观众。如果直播期间有观众在在线聊天中抱怨某个产品不好，薇娅会敏锐地注意到，然后处理这种情况。她的粉丝称她为“哆啦薇娅”，致敬那个可以实现时间旅行和梦想的动漫角色哆啦A梦。

在2020年春天新冠肺炎疫情最严重的那几周，薇娅向粉丝保证，自己一定会去武汉，站在黄鹤楼上登高远眺。4月底，武汉解封后不久，薇娅的团队如约驱车11小时来到这座古城。当天晚上，当她穿着和白天视频里一样的黄色小西装与白色老爹鞋出现在镜头前时，已经有16万人登录到直播间翘首以盼。

资料来源：《彭博评薇娅：屏幕前的带货女王 屏幕后的中国土壤》，见 https://www.sohu.com/a/400382328_100191015，有删减。

讨论：

1. 你在直播带货中有过购买行为吗？如果有或者没有，原因是什么？
2. 站在一位消费者的角度，你认为薇娅的带货直播取得成功的原因有哪些？

即测即评

测评试题

第二章

消费者的购买决策

通过本章的学习，读者应了解和掌握：

- 消费者购买决策的内容；
- 消费者购买决策类型的划分；
- 消费者做出购买决策的过程；
- 消费者外部信息搜集的来源与影响因素；
- 影响消费者最终购买决策制定的因素。

导入案例

去年结婚之前，李明和未婚妻张娜决定买辆车，主要是因为张娜的父母住得比较远，有辆车的话，以后周末去看望他们会更方便一些。由于之前对车没有研究，李明就先在网上搜了搜相关的信息，发现要买一辆价格在十万左右的车，选择的余地还挺大，一时也拿不定主意。正在这个时候，同事买了一辆大众新款的车型，车的外观和内饰都挺漂亮，价格十万出头。李明和张娜看了这个车之后都觉得挺不错，同事也向他们大力推荐，两个人就动了心。

接下来，李明和张娜开始利用周末跑大众的4S店，详细了解每家都有什么优惠措施。跑了三家之后，发现每家的优惠都差不多。最后他们决定在其中一家看上去规模最大、销量会比较多的4S店购买，因为之前在网上看到有人说，在大店购买的话，买的过程和售后服务会更放心。

经过交款、提车、上牌等一系列环节，三天之后，两个人终于如愿以偿把车开回了家。一年多过去了，车开起来没啥问题，动力也还可以，就是油耗有点高。李明有时候有点儿后悔，要是当初选择同价位的丰田或者尼桑的车型就好了。

消费者的购买决策是指消费者感受到问题存在，寻找解决方案，对诸多方案进行评价和选择，并对选择结果进行评价的过程。对于消费者来说，了解购买决策的内容，可以进行更加理性的消费，最大限度满足自身的需求。对于企业来说，研究和分析消费者的决策过程，可以更加清晰地认识影响消费者购买行为的因素，从而有的放矢地制定合理的营销策略。

第一节　消费者购买决策的内容和类型

消费者决策的内容包括多个方面，例如要购买哪些品牌、要在何处购买以及何时购买等。不过，这种决策又可以分为多种类型。

一、消费者购买决策的内容

一般认为，消费者购买决策的内容可以归纳为六方面（即 5W1H）：谁来购买（Who）、购买什么（What）、为何购买（Why）、何时购买（When）、何处购买（Where）和如何购买（How）。

（一）谁来购买

了解谁来购买，也就是确定购买决策的参与者有哪些。在第一章中我们已经提到，在消费过程当中消费者所扮演的角色可以划分为五种，即提议者、影响者、决策者、购买者和使用者。

（1）提议者：首先提出或有意购买某一产品或服务的人。

（2）影响者：其看法或建议对最终决策有一定影响的人。

（3）决策者：在是否购买、为何购买、如何购买、何处购买等方面做出最后决定的人。

（4）购买者：实际实施购买行为的人。

（5）使用者：实际消费或者使用产品或服务的人。

不同的购买决策可能有不同的人参与，同一购买决策也可能有不同的人参与。企业应该分析每个人在购买决策过程中所扮演的角色，找到提议者与决策者，有的放矢地做好广告宣传，激发提议者的购买欲望，促使决策者早下购买决心以扩大企业产品的销售。

（二）购买什么

了解购买什么，也就是确定购买的目标和对象是什么。在决定要购买什么时，消费者首先要在不同的产品大类之间选择。例如，为了使自己的业余生活更丰富，是要买一把吉他，还是要买一台平板电脑，抑或是要到健身俱乐部参加健身活动？在做出产品大类选择之后，接下来消费者还要决定具体的产品品牌，如果要购买平板电脑，那么是应该购买苹果公司的 iPad，还是三星电子的 Galaxy Tab，抑或是华为的 Mate Pad？

企业在进行市场营销时，要善于发现消费者购买产品所追求的利益和效用，更好地满足消费者的这种基本需要，同时，也要在产品形式上动脑筋，努力从品牌、款式、规格、色彩、价格等方面增强对消费者的吸引力。

（三）为何购买

了解为何购买，也就是确定购买背后的动机是什么。动机是由需要引发的，人的需要有多种，因此也就有形形色色的动机。即使是同一购买行为，其背后也往往存在多种动机。关于消费者的购买动机问题，我们将在后面的章节中进行详细介绍，在此不再赘述。

知识链接 2-1

购物不仅是为了获得产品，还有更为复杂的原因。调节生活、运动、感官刺激、社交和了解时尚等，都可能成为逛商店的非购物性理由。最近的一项研究检验了消费者在不同类型的零售商店的购物动机，发现了五种购物导向。

1. 冷淡购物者（Apathetic Shoppers）（占购物者的比重为16%）：没有特定的购物动机，而且“对购物不关心”。

2. 热心购物者（Enthusiast Shoppers）（占购物者的比重为22%）：享受购物的乐趣，受包括娱乐和社交等因素驱动，并且从购物中“获得娱乐价值”。

3. 目的购物者（Destination Shoppers）（占购物者的比重为21%）：主要动机是获得品牌和形象提升，而不是其他因素（如社交）。

4. 基本购物者（Basic Shoppers）（占购物者的比重为21%）：主要动机是在最短的时间内获得所需的东西，购物是必要的，而不是一种娱乐或社交。

5. 讨价还价者（Bargain Seekers）（占购物者的比重为20%）：主要动机是获得优惠的交易和较低的价格，对娱乐和社交因素并不感兴趣。

资料来源：[美] 戴维·L. 马瑟思博，戴尔·I. 霍金斯. 消费者行为学：第14版. 北京：机械工业出版社，2018：404.

（四）何时购买

了解何时购买，也就是确定购买的时间。对于不同的产品，消费者的购买时间是不同的。有的产品可能每天都要购买（例如报纸），有的产品要每隔几天购买一次（例如食品、牛奶），有的产品可能一年只买一次（例如生日蛋糕），还有些产品一生可能只买一次（例如婚纱）。购买时间上的差异，既与消费者本身的需要和动机有关，也受个人的经济条件、个性特点、产品本身的时令性和价格等因素的影响。

企业在营销活动中应注意了解消费者在购买时间方面的特点，以便适时满足消费者的需求。

❖实例链接 2-1

在中国，每年的11月11日（“双十一”）被称为“光棍节”，这原本是产生于校园的一个娱乐性节日，后来借助网络等媒介传播而形成一种文化现象。2009年11月11日，淘宝发起“品牌商品五折”活动，当天销售额1亿元。从此以后，每年的

“双十一”，大型的电子商务网站一般会进行一些大规模的打折促销活动，这一天也成为消费者的网购狂欢节。2019 年 11 月 11 日零点刚过 1 分 36 秒，天猫“双十一”的成交总额就突破 100 亿元。这个速度再次刷新天猫“双十一”成交总额破 100 亿的纪录：2016 年用了 6 分 58 秒，2017 年用了 3 分 01 秒，2018 年用了 2 分 05 秒。截至 11 月 12 日 00 点 00 分，2019 年天猫“双十一”最终成交额达到 2 684 亿元。

（五）何处购买

了解何处购买，也就是确定购买的地点，或者说是选择购物的商店。消费者在选择购物的商店时，除了受自身特性的影响之外，还受商店本身形象的影响。而商店形象是由诸如地点、装潢、商品摆放、销售人员的着装与专业知识等因素形成的。成功的商店一般都具有鲜明的、受到众多消费者欢迎的形象。

（六）如何购买

了解如何购买，也就是确定购买的方式。例如，是去商店购买还是利用电话购物或网上购物？在付款时，是用现金还是用微信支付或是支付宝支付？是一次性付清还是分期付款？消费者如何购买对企业的产品设计、价格政策、渠道选择和促销策略都会产生影响，因此，企业必须对此认真研究。

二、消费者购买决策的类型

按照消费者的介入程度和不同品牌之间差异的大小，消费者购买决策可以划分为复杂型、寻求变化型、减少失调型和习惯型四种类型，如表 2－1 所示。其中，介入程度指的是消费者在购买过程中所投入时间和精力的多少。

表 2－1　消费者四种购买决策类型

品牌差异	高度介入	低度介入
品牌间差异大	复杂型购买决策	寻求变化型购买决策
品牌间差异小	减少失调型购买决策	习惯型购买决策

（一）复杂型购买决策

当消费者对产品的介入程度很高，同时竞争品牌之间的差异相当大时，就会采用复杂型购买决策。消费者的复杂型购买决策包括三个步骤：首先是对产品产生兴趣，其次是对该产品形成态度，最后是做出慎重的购买选择。消费者在购买价格高的产品、偶尔购买的产品、风险大的产品以及引人注目的产品时，一般采取这类购买决策。总体来看，消费者对这种产品的情况了解得较少，需要大量的学习。例如购买房子、汽车以及出国旅游这样的决策等都是复杂型购买决策。

对于这类购买行为，企业应该了解消费者获取信息、情报的渠道，通过广告、公关等有效手段，及时、准确地向这类消费者传递产品的有关信息，帮助消费者了解、熟悉本企业产品的性能、特点，同时谋求商店销售人员和购买者的熟人的支持，以影响购买者最后的选择。

（二）寻求变化型购买决策

寻求变化型购买决策涉及的通常是一些介入程度低且竞争品牌之间的差异很大的产品。对于这类产品，消费者一般会先转几家商店看看有什么品牌，进行一番比较，然后很快就制定购买决策并实施实际的购买行为。消费者对这类产品的忠诚度很低，对追求新品牌的意愿则较强。因而，此类产品出现新品牌的概率比较大。以购买巧克力为例，消费者每次购买都可能会选择不同的品牌，其目的一般是尝新。

一方面，市场领导者为了避免消费者转换品牌，会试图通过摆满货架、避免脱销以及经常做广告来提醒、鼓励消费者继续进行习惯型购买行为；另一方面，一些处于市场追随地位的企业则会采用压低价格和提供各种优惠、赠券、免费样品以及宣传新产品特色的广告活动来刺激顾客进行产品品牌的更换。

（三）减少失调型购买决策

购买了某产品一段时间之后，特别是使用了一段时间之后，消费者也许会感到不协调或不满意，这也许是因为产品的某个特征不够称心，也许是因为听到别人称赞其他品牌。为了证明自己购买决策的正确性，此时消费者一般会积极、主动地去了解更多的有关情况，寻找种种理由来减轻、化解这种不协调。对于这类产品，一般如果价格合理、购买方便、机会合适，消费者就会决定购买。

经营该类产品的企业，应运用价格策略和有效的人员推销，选择一个好的销售地点，及时向消费者提供信息和对商品的评价，使他们在购买后相信自己做了正确的决定。

（四）习惯型购买决策

习惯型购买决策涉及的通常是一些介入程度低且竞争品牌之间差异不大的产品。这种产品一般价格低廉，消费者会经常进行购买，但却不会形成对于某一品牌的偏好，之所以选择该品牌，仅仅因为它是自己熟悉的。以购买食盐为例，消费者对这种产品的介入程度很低，他们可能会在超市长期购买某一品牌的食盐，但这并非是出于对品牌的忠诚，而仅仅是一种习惯。这种简单的购买行为在购买前不经过信息搜集，在购买之后也不会对其进行购后评价。

企业对于这类产品的营销，可以使用价格优惠与广告促销手段，在广告宣传中应突出产品的视觉标志与形象，利用电视广告多次重复，吸引消费者并给消费者留下较为深刻的印象，以诱导消费者长期使用本企业产品。此外，企业还可以在一般化的产品上增加一种重要特色，比方说在某种简单、可口的饮料中增加维生素以吸引消费者更多的注意。

第二节　消费者购买决策的过程

消费者在购买产品或服务的过程中，一般要经历如图 2－1 所示的五个步骤。

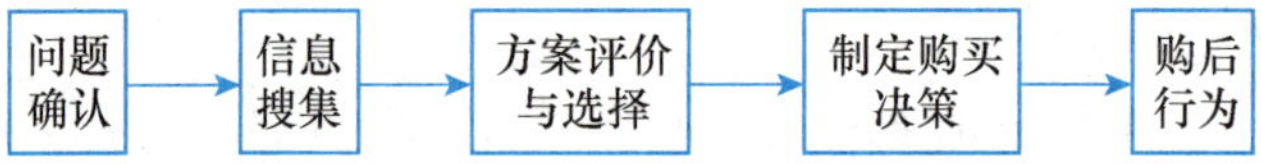

图 2-1　消费者购买决策过程

这五个步骤形成了消费者从认识产品和服务需求到评估一项购买的总体过程，研究该过程可以帮助我们了解消费者是如何制定购买决策与进行购买行为的。需要指出的是，并不是消费者的所有决策都会按照次序经历这一过程的所有步骤。在有些情况下，消费者可能会跳过或颠倒某些阶段。

一、问题确认

（一）问题确认的过程

问题确认来自消费者所感受到的需要不满足，这种需要的不满足是由于消费者理想状态与实际状态之间的差距。所谓理想状态是指消费者当前想达到或感受的状态，而实际状态则是指消费者对他当前的感受及处境的认知。问题确认是消费者的理想状态与实际状态之间的差距达到一定程度并足以激发消费者决策过程的结果（如图 2-2 所示）。

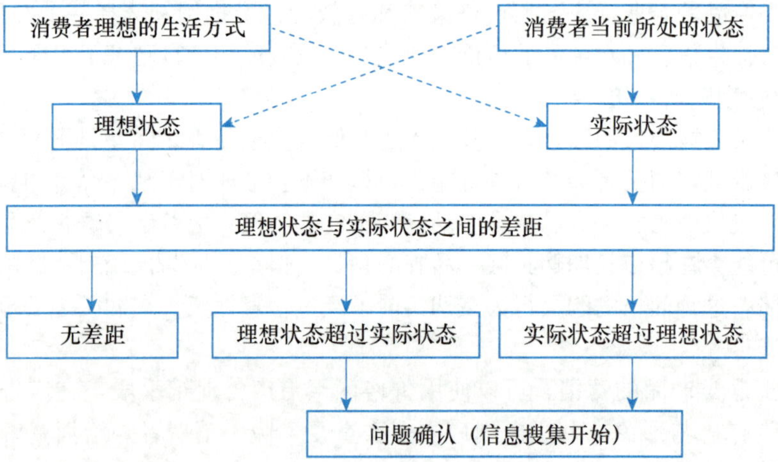

图 2-2　问题确认过程

（二）问题确认与购买动机

当然，并不是所有的被确认的问题都会导致购买动机。某一被确认的问题是否会导致购买意图取决于两个因素：第一，理想状态与实际状态之间差距的大小。理想状态与实际状态之间的差距必须达到一定程度才能激发消费者的购买意图。如果消费者希望自己的汽车每百公里的耗油保持在 7 升的水平，而他现有汽车的耗油是每百公里 8 升，虽然这二者之间存在差距，但这一差距并没有达到促使该消费者购买新车的地步。第二，问题的相对重要性。即使理想状态与实际状态之间的差距很大，但如果问题并不十分重要，消费者也并不一定会着手解决这一问题。例如，某位消费者现在拥有的是一辆开了 8 年的普通桑塔纳轿车，他希望能有一辆新的帕萨特，虽然二者之间的差距很大，但与该消费者还面临着买房子和孩子上大学的问题相比，这个差距的相对重要性就很小。

（三）激发问题的确认

在问题确认阶段，企业营销人员的目标应该是使消费者了解到其目前状态与偏好之间存在的不均衡，也就是说要激发问题的确认，进而创造消费者的需要。如何激发消费者对于问题的确认呢？由于问题确认是由理想状态与实际状态之间差异的大小及重要性所决定的，因此，企业可以通过改变消费者的理想状态或对实际状态的认识来影响二者间差距的大小；或者，企业可以影响消费者对现有差距重要性的认识来达到目的。很多营销活动都旨在影响消费者的理想状态。

实例链接 2－2

某公司开发出了一种新型木材燃料，该产品即使是在潮湿的情况下也能用火柴一点即燃，且持续燃烧 15～20 分钟，同时在燃烧中不会爆出火花，安全性相对较高。它可以加工成长 15～18 英寸、直径为 1 英寸（1 英寸＝0.0254 米）的木棍用于壁炉的点火，或压成碎片用于引燃烧烤用的木炭。

在将该产品推向市场之前，公司进行了一项市场调查以预测需求和以此指导其营销策略的制定。两组潜在的消费者接受了调查。第一组被访问者被询问如何点燃壁炉时，几乎所有人都回答是用报纸。接着公司向他们介绍了这种新型燃料，并询问他们购买该产品的可能性，结果只有很小一部分人表示有购买兴趣。然而，富有戏剧性的是，在这些人实际使用该产品几个星期后，纷纷感到它是对现有引火方法的极大改进，并表示了继续使用该产品的强烈愿望。由此清楚地表明，问题是存在的（因为试用者均感到它大大优于旧产品），只是大多数消费者没有意识到这一点，这就是被动型问题。在产品能够成功销售之前，公司必须唤起消费者对问题的认知。

与此形成对照的是，在关于点烧木炭的另一组被访问者中，相当多的人表达了他们对于液体点火器安全性的担忧，这些人对安全性能更高的点火产品有着强烈的兴趣，这就是主动型问题。在此情况下，公司不用担心消费者对问题的认知，而应将营销重点放在向消费者描述该新产品是如何更好地解决消费者已认识到的问题的。

（四）问题确认的结果

消费者问题确认的结果就是产生需求。消费者的需求可以分为两类：初级需求与次级需求。初级需求来自对产品或服务本身的需求，例如，你可能正考虑要买一台笔记本电脑。次级需求是指对于某一产品大类中的某一品牌的需求，例如，是买联想的电脑，还是买苹果的电脑。一般而言，在一种新产品刚刚问世的时候，企业要先让目标顾客对该产品产生兴趣，这就要激发目标顾客的初级需求。当目标顾客对该产品产生兴趣之后，才会引发到底需要哪一品牌的问题，这时就要激发次级需求。

二、信息搜集

消费者认清问题之后，就开始了信息搜集过程，目的是获取能够解决问题的产品信息。消费者的信息搜集是指消费者识别和获取可以解决自身问题的相关信息的行为。

（一）信息搜集的类型

根据信息的来源，消费者的信息搜集过程可以划分为两种类型：内部信息搜集和外部信息搜集（见图 2-3）。

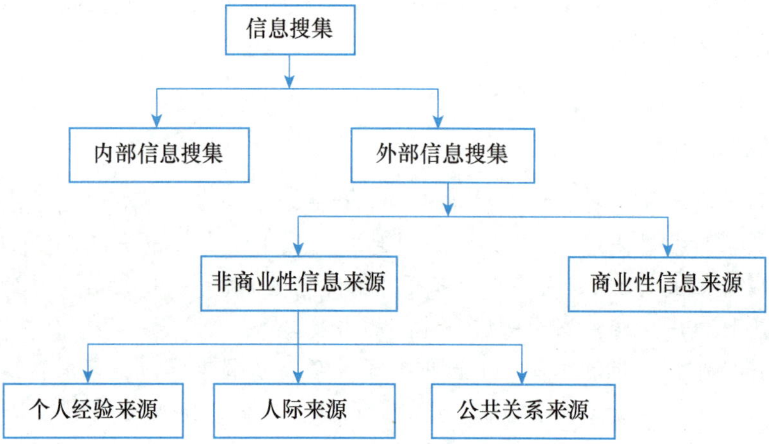

图 2-3　消费者信息搜集的来源

1. 内部信息搜集

内部信息搜集是消费者从长期记忆中获取帮助解决问题的产品或服务的信息。认识到问题之后，消费者就开始进行内部信息搜集，他们希望从长期记忆中回想起产品是否能解决问题。很多问题通过内部信息搜集就能够得到解决。面对某个特定问题，如果消费者回忆起唯一且令人满意的解决方案（某品牌或商店），此时，消费者就会购买这个被回忆起的品牌，进一步的信息搜集或评价就不会发生。

2. 外部信息搜集

在大部分情况下，消费者以内部信息作为主要的信息来源，但有时也需要从外部来源获取信息。外部信息搜集指的是从外部来源获取信息，如亲属、朋友、广告和企业的推销人员等。外部信息搜集一方面可以使消费者了解市场上有哪些可供选择的品牌，明确应当从哪些方面对这些品牌进行比较；另一方面也可以使消费者获得关于产品评价标准及各种标准相对重要性的信息，掌握不同品牌在各种产品属性上的差异性数据。

（1）消费者外部信息搜集的来源。

消费者的外部信息搜集主要有两个来源：非商业性信息来源与商业性信息来源。

非商业性信息来源是指产品的信息来源与企业的意图无关，它主要包括个人经验来源、人际来源和公共关系来源。

个人经验来源是指个人亲自到商场观察、操作或实际使用产品所获取的经验或产生的认知。由于这些信息往往产生于消费者的实际购买决策之前，因此通常是在购买前的最后一个信息来源。

人际来源是指消费者的人际关系网络，主要包括家人、朋友、同学、同事、邻居、熟人等。人际来源信息的可信度随消费者对这些群体的信任程度而不同。消费者越是相信这些群体，这些群体所提供信息的影响力越大。

知识链接 2－2

近年来，阅读线上评论已经成为消费者获取外部信息的重要渠道。线上评论是由消费者在公司网站或第三方网络平台上发布的与产品相关的评价，反映了以往消费者对产品或服务的看法，是潜在消费者制定购买决策的重要信息来源。已有研究发现，在线评论数量和评论分数对产品销售有显著的正向影响。评论数量是指评论信息的总量，评论者通过线上评论的方式传播信息使得该产品被更多的消费者知晓，从而增加产品的销售量。评论分数的高低表达了消费者对产品积极或消极的看法，进而会对潜在消费者的态度产生一定的说服作用。

公共关系来源则是指交易双方之外的客观的第三者，例如广播、电视、报纸、杂志、消费者权益保护组织和专家学者等。这一来源的信息由于往往被认为具有很高的客观性和权威性而受到消费者高度的信赖。

商业性信息来源的背后有着强烈的商业和营利动机，具体包括广告、推销员、经销商、贸易展览会和产品的标签与包装等。商业性信息来源的信息量非常大，但是由于其背后具有商业企图，因此往往会引起消费者的警惕和怀疑。不过，商业性信息来源也并非没有什么影响力。一项对 3 000 名消费者的研究表明，很多人都说在逛商店时，广告对他们在商店购买什么有很大的影响力。

知识链接 2－3

随着信息技术的发展，网络已经成为很多消费者主要且非常偏爱的产品信息来源，他们希望在网站上找到感兴趣的产品或品牌的信息。对于许多产品而言，网络社区和第三方网站的影响程度已经超越了传统的电视和印刷广告。一项研究显示，排名前二十的互联网活动中有七项活动与信息查找和购物有关，如表 2－2 所示。

表 2－2　七项与信息查找和购物有关的活动及开展这些活动的互联网用户所占比重

利用搜索引擎查找信息	87%	购买产品	66%
寻找与健康有关的信息	83%	购买或进行旅游预订	66%
寻找关于某项爱好或兴趣的信息	83%	在线将广告和网站进行分类	53%
在购买之前研究某件产品和服务	78%		

资料来源：pew internet & American life project，见 https://www.pewinternet.org。

还有研究显示，在美国有 94%的线上购物者在购买前都进行了网上信息搜寻，进行消费前搜索并接收到网络广告的消费者会增加 41%的消费额。

（2）影响外部信息搜集的因素。

消费者对外部信息搜集的程度高低，主要受市场特征、产品特征、消费者特征、情境特征和成本-效益比较的影响。

1）市场特征。市场状况的特征会对外部信息搜集活动产生影响。一般来说，解决某一问题的备选方案（产品、品牌）越多，消费者越可能进行更多的外部信息搜寻活动。同时，商店的数量及距离远近也会影响外部信息搜集的数量。当商店数量较多且距离较近时，消费者往往进行更多的外部信息搜寻活动。因此，消费者在商店林立的大型商业中心购物时会进行较多的外部信息搜寻。

2）产品特征。产品特征对外部信息搜寻活动的影响主要体现在产品的购买风险和消费者对产品的知觉上。如果消费者认为产品或服务的购买涉及很高的风险，他就会花更多的时间、更大的精力去搜集信息。例如，购买服务的风险常常被认为比购买有形产品的风险大，而购买出现故障和问题的可能性大的产品也会带来较高的风险。因此，在这两种情况下，消费者往往会进行更多的外部信息搜集。此外，购买某些产品，如花鸟鱼虫、服装、体育用品和电子产品等，会给消费者带来美好的体验，那么消费者有可能进行更多的外部信息搜集。相反，如果购买某种产品给人们带来的感觉并不愉快，则消费者的信息搜寻活动可能会较少。

3）消费者特征。消费者的产品知识、产品经验等特征也会对外部信息搜寻活动产生影响。当消费者的产品知识很丰富时，通常没有必要进行额外的信息搜集；相反，如果消费者的产品知识很匮乏，则往往需要进行大量的信息搜集。同时，消费者先前购买和使用产品的经验与信息搜集数量之间存在一种倒U形的关系（如图2-4所示）。也就是说，在产品经验很少和很多时，信息搜寻活动都较少；而在具备中等数量的产品经验时，就会有较多的搜寻活动产生。

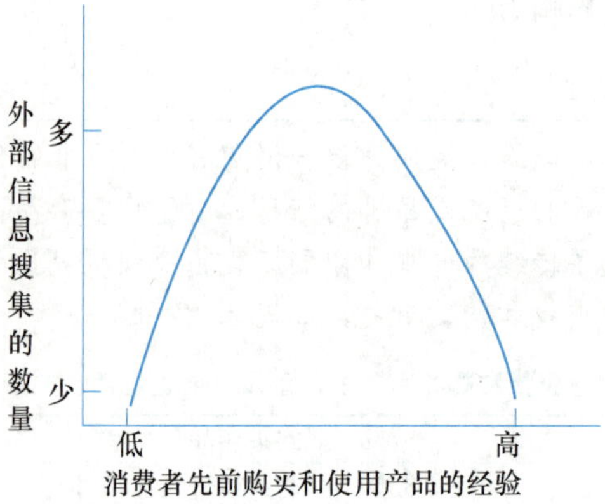

图2-4 消费者先前购买和使用产品的经验与外部信息搜集数量之间的关系

4）情境特征。情境特征对信息搜寻活动的影响主要表现在时间、身体和情绪状态、购物环境和购买任务及其性质等方面。第一，当消费者可用于购物的时间很紧张，由于受到时间的限制，可能就不会进行较多的信息搜寻。第二，消费者如果感到疲惫、厌倦和烦躁等生理和心理上的不适，进行信息搜寻的能力就会降低。第三，包括音响、气味、灯光、拥挤程度等在内的购物环境会影响到消费者的信息搜寻意愿。例如，消费者进入非常拥挤的商场时，会产生压抑和不快，这时消费者本能的反应就是尽快离开，而不愿进行过多的信息搜集。第四，即使是购买同一件产品，要作为礼品赠送给他人与要自己使用相比，所进行的信息搜寻也是不同的，前者会伴随更多的信息搜寻活动。

5）成本-效益比较。当进行外部信息搜寻活动所带来的感知效益大于获取信息的感知成本时，消费者才会搜寻相关的信息。搜寻信息的感知效益就是做出更理智的购买决策，即找到优质产品或者找到物美价廉的商品。而搜寻信息的成本包括时间和精力，这一成本的高低取决于信息获取的难易程度。

（二）所搜集信息的类型

在信息搜集的过程中，所搜集的信息一般可以划分为以下三种类型。

1. 解决问题的合适评价标准

例如，在购买笔记本电脑的时候，你首先想到的可能是："我希望这台电脑有什么样的特点?"接下来，你就会进行内部信息搜集以确定什么样的特点能满足你的需要，这些希望拥有的特点就是评价标准。如果你对笔记本电脑知之甚少，可能还需要进行外部搜集，以便确定一台好电脑应具备哪些特点。你可能会和朋友商量，看网上的有关评论，向销售人员进行咨询等。

2. 解决问题的备选方案或办法

在选择了合适的评价标准之后，消费者就会寻找合适的备选方案。他们会首先从长期记忆中搜寻他们知道的品牌，这些品牌被称为意识域。就购买笔记本电脑来说，联想、华硕、宏碁、惠普、华为、三星、微软、戴尔、苹果可能是你知道的品牌，它们构成了你的意识域，而 Gateway、京东方、清华同方等品牌可能是你所不知道的，它们属于非意识域的范畴。

意识域又可以进一步分为三个部分：考虑域、惰性域和排除域（见图 2-5）。考虑域是消费者为了解决某一特定问题将要进行评价、有可能会购买的品牌集合；排除域是消费者知道但却不大可能去购买的品牌集合；惰性域是消费者认为没有突出特色、既无恶意也无特别好感的品牌集合。在购买笔记本电脑的例子当中，你有可能会购买联想、戴尔、宏碁、华硕、华为和苹果，并进行进一步的信息搜集，这六个品牌就构成了你的考虑域；你可能因为受周围其他人的影响而不喜欢三星和微软，那么这二者就属于你的排除域；对于惠普，你基本上是没有什么感觉，它就构成了你的惰性域。

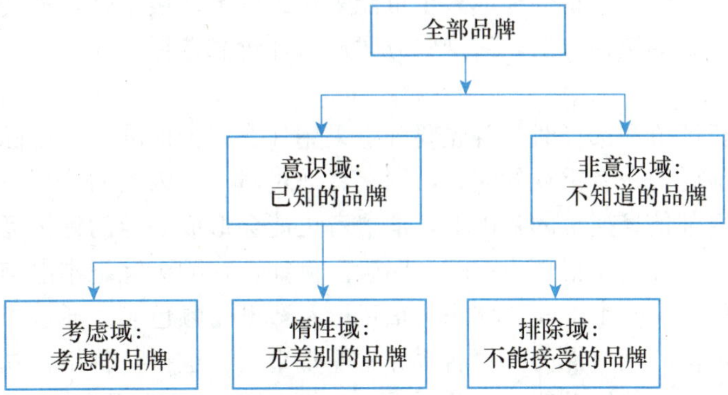

图 2-5 在内部信息搜集时，消费者从记忆中回想起来的品牌

❖实例链接 2-3

根据一份调查，对于不同类别的产品，消费者考虑域的平均大小存在差异，如表 2-3 所示。当然，对于同一种产品，有些消费者的考虑域要更大些，而有些消费者的考虑域则可能更小些。

表 2-3　根据产品类别划分考虑域的平均大小

产品类别	考虑域平均大小	产品类别	考虑域平均大小
止痛剂	3.5	速冻食品	3.3
抗酸剂	4.4	杀虫剂	2.7
空气清新剂	2.2	洗涤剂	4.8
肥皂	3.7	轻泻剂	2.8
浴室清洗剂	5.7	花生酱	3.3
啤酒	6.9	剃须刀	2.9
漂白剂	3.9	洗发水	6.1
辣椒酱	2.6	起酥油	6.0
咖啡	4.0	消炎药	3.6
甜饼干	4.9	汽水	5.1
除臭剂	3.9	酸奶	3.6

资料来源：［美］罗格·D. 布莱克韦尔，保罗·W. 米尼德，詹姆斯·F. 恩格尔. 消费者行为学：第 10 版. 北京：机械工业出版社，2009：98.

3. 备选方案的特征

为了选定最终购买的品牌，消费者会运用有关的评价标准对考虑域中的品牌进行比较，这一过程要求消费者搜集在每一个评价标准下各个品牌的相关信息。例如，在购买笔记本电脑的过程中，你可能会在记忆中提取联想、戴尔、宏碁、华硕、华为和苹果在价格、基本配置、体积与重量以及造型与颜色等方面的信息。

三、方案评价与选择

通过信息搜集，消费者将会形成若干可能采用的方案。接下来，消费者将根据一定的评价标准并利用一定的选择方法，对这些方案进行评价和选择。

（一）评价标准

在对方案进行评价和选择时，首先要确定采用什么评价标准。评价标准是产品的一些特性、利益或其他受消费者重视的因素，消费者通过对这些因素的分析，最终确定是否购买某一产品。在内部信息搜集的基础上，消费者可能会形成一定的评价标准，通过外部信息搜集，这种评价标准会变得更为清晰和明确。例如，在购买笔记本电脑之前，消费者可能会关心电脑的价格、基本配置、体积与重量以及造型与颜色等，通过外部信息搜集，消费者可能会感觉电池的续航能力和售后服务也非常重要。这样，价格、基本配置、体积与重量、造型与颜色、电池续航能力和售后服务就是该消费者的评价标准。需要指出的是，同样是购买笔记本电脑，不同的消费者可能会有一套完全不同的评价标准。

接下来，消费者需要确定各个评价标准的相对重要性。一种简单的方法是根据各个标准的重要性给出权数，所有标准的权数之和为 100 分。单个标准的权数越大，表明消费者认为该标准越重要。例如，某位消费者在确定笔记本电脑评价标准的相对重要性时，他所给出的权数如表 2-4 所示。从该表中我们可以看到，该消费者很重视电脑的价格和基本配置，相对来说，造型与颜色的重要性就比较低。

表 2-4　某消费者对笔记本电脑各评价标准给出的权数

评价标准	重要程度得分
价格	30
基本配置	25
体积与重量	10
电池续航能力	10
造型与颜色	5
售后服务	20
合计	100

为了对备选的各个方案进行评价和选择，消费者还需要对不同方案在具体评价标准上的表现进行判断，给出相应的评价值。例如，通过信息搜集，消费者最终决定在联想、华为、华硕、宏碁、戴尔和苹果这 6 种品牌中进行选择。针对不同的评价标准，消费者分别给出了相应的评价值，见表 2-5。

表 2-5　某消费者对 6 个品牌笔记本电脑的评价

评价标准	消费者的评价					
	戴尔	宏碁	华硕	联想	华为	苹果
价格	5	3	3	4	2	1
基本配置	3	4	5	4	3	4
体积与重量	5	5	5	2	5	5
电池续航能力	1	3	1	3	1	5
造型与颜色	3	3	4	3	5	3
售后服务	3	3	3	5	3	3

注：①1=很差；5=很好。
②表中所给出的评价值是为了说明问题而虚构的数值，并不代表这 6 个品牌在 6 个评价标准上的真实的绩效。

（二）方案评价模式

消费者对不同方案进行评价的模式有多种，其中比较常见的是补偿性模式。补偿性模式是指消费者依照所考虑的产品属性来得到各个替代方案的加权或单纯加总的分数，然后再根据分数的高低来评估替代方案的优劣。它最大的特点是不同的产品属性之间可以相互弥补，即使某一属性表现不佳也可以用其他属性来弥补。如果采用这一模式，消费者将按属性的重要程度赋予每一个属性以相应的权数，同时结合每一品牌在各个属性上的评价值，得出各个品牌的综合得分，得分最高的就是被选择的品牌。用公式可以表示为：

$$R_b = \sum_{i=1}^{n} W_i B_{ib}$$

式中：R_b——品牌 b 的综合得分；

W_i——赋予评价标准 i 的重要性或权数；

B_{ib}——品牌 b 在评价标准 i 上的得分；

n——评价标准的数目。

在购买笔记本的例子当中，如果消费者按表 2-4 给出各属性的权数，再按表 2-5 给出每一品牌在各个属性上的评价值，那么就可以得出各个品牌的综合得分，其中联想的得分最高：

$$\begin{aligned} R_{联想} &= 30\times4+25\times4+10\times2+10\times3+5\times3+20\times5 \\ &= 120+100+20+30+15+100 \\ &= 385 \end{aligned}$$

四、制定购买决策

经过方案评价和选择，消费者将形成对某一品牌的购买意向，也就是有了购买某一品牌的意愿和打算。但是，有了购买意向，并不表示消费者就一定会下定决心进行购买，或者说，消费者不一定会制定购买决策。有三类因素会影响消费者最终购买决策的制定，这三类因素是他人的态度、意外的情况和可认知的风险，见图 2-6。

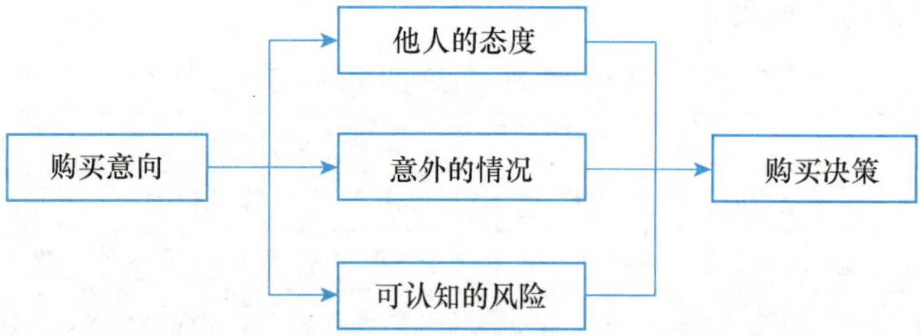

图 2-6　影响购买意向转化为购买决策的因素

（一）他人的态度

消费者的很多购买决策都不是单独制定的，而是在征求其他人的意见之后，甚至是在多人的参与下制定的。家人、亲戚、朋友、同学或同事的态度对于消费者是否会进行购买有着重要影响。一般来说，其他人所持的否定态度越强烈，他们与消费者的关系越密切，消费者就越有可能改变其购买意图。

（二）意外的情况

消费者自身或其家庭的某些突发事件会使得消费者改变购买意图。例如，消费者可能会失业，这时，推迟或取消购买而持有货币以备不时之需可能更为重要；或者，消费者因为突然生病而支出了大量的医药费，这时，原有的购买意图可能也会改变。

（三）可认知的风险

消费者在决定购买某一产品时，通常会面临一些矛盾和问题，即他们所购买的某一商品在给他们带来满足和愉快感觉的同时，也会给他们带来一些他们不愿意、不希望接受的损失或潜在的危害，这就是消费者可认知的风险。当消费者对可认知的风险的认识达到一定程度时，就有可能改变原有的购买意图。

五、购后行为

消费者购买了产品之后，整个购买过程并没有结束，而是进入了购后时期。在这一时期，消费者将会使用和消费产品，并在使用和消费的过程中感知到是否满意。另外，当不再使用该产品后，消费者还面临着如何处置产品的问题。上述这些行为都属于购后行为。关于这些内容，本书的第十一章将专门进行分析。

在消费者购买之后，企业营销人员的一项重要的任务就是要减轻消费者购买后的认知失调。所谓认知失调，指的是消费者对自己的购买行为是否明智感到怀疑，进而产生不安和紧张的感觉。认知失调之所以会发生，是因为消费者选择了某一产品，必然会放弃其他产品，而这些产品可能具有消费者认为很有吸引力的特点。

在产生认知失调之后，消费者会在内心里对所做的选择进行更多的正面评价来减轻这种感觉。例如，在购买了一套地理位置较好但价格较贵的住房之后，消费者会更多地从上班近、购物方便、有较大升值潜力等角度正面评价良好的地理位置给他带来的利益，而尽量淡化价格这一因素的重要性。此外，消费者还会搜集更多的外部信息来证实自己所做的选择是明智的。因此，企业应该提供更多证明消费者选择正确的信息，帮助消费者相信其决策的正确性。例如，汽车和贵重家电的经销商可以将消费者所购品牌的近期资料寄给消费者，这些资料在很大程度上专门用于证明消费者购买决策的明智性和正确性。此外，很多广告在吸引消费者的同时还有助于增强消费者对其购买决策正确性的信心。假设你几经权衡购买了某品牌的液晶电视，在购买回来之后，你对自己是否做出了最优选择怀有疑虑，这时，你就会对有关该品牌液晶电视的正面信息非常关注。一旦遇到宣传该品牌液晶电视的广告，你就会仔细观看，广告中所介绍的该品牌液晶电视的优点会在一定程度上打消你的疑虑。

本章小结

1. 消费者的购买决策是指消费者感受到问题存在、寻找解决方案、对诸多方案进行评价和选择，并对选择结果进行评价的过程。一般认为，消费者购买决策的内容可以归纳为谁来购买（Who）、购买什么（What）、为何购买（Why）、何时购买（When）、何处购买（Where）和如何购买（How）六方面，也就是通常所说的“5W1H”。在购买决策的划分上，可以按照品牌间的差异和消费者的介入程度划分为复杂型、寻求变化型、减少失调型和习惯型四种类型。

2. 消费者在购买产品或服务的过程中，一般要经历五个步骤：（1）问题确认，也就是消费者所感受到的需要不满足，这种需要的不满足源于消费者理想状态与实际状态之间的差距。（2）信息搜集，也就是消费者识别和获取可以解决自身问题的相关信息的行为。这一过程根据信息来源可以划分为内部信息搜集和外部信息搜集两种类型。所搜集的信息一般可以划分为解决问题的合适评价标准、解决问题的备选方案或办法以及备选方案的特征三类。（3）方案评价与选择，也就是根据一定的评价标准并利用一定的选择方法，对信息搜集后形成的若干可能采用的方案进行评价和选择。(4) 制定购买决策，就是消费者经过方案评价和选择后形成对于某一品牌的购买意向。(5) 购后行为，即消费者对产品的使用、消费和处置，以及对是否满意的感知。

关键概念

消费者的购买决策　复杂型购买决策　寻求变化型购买决策　减少失调型购买决策　习惯型购买决策　内部信息搜集　外部信息搜集

思考与训练

一、复习思考题

1. 消费者的购买决策主要包括哪些内容？

2. 按照消费者的介入程度和不同品牌之间差异的大小，消费者购买决策可以划分为哪几种类型？

3. 消费者外部信息搜集的来源有哪些？影响消费者外部信息搜集活动的因素有哪些？

4. 在补偿性模式中，消费者如何对不同方案进行评价？

5. 影响消费者最终购买决策制定的因素有哪些？

二、实训题

1. 分别举出一个你运用复杂型、寻求变化型、减少失调型和习惯型决策进行购买的例子，并说明导致你采用该种决策类型的原因是什么。

2. 调查你周围的 5 位同学，确定他们认知或意识到的 3 个消费者问题。对每一问题了解以下内容：

(1) 问题的相对重要性；

(2) 问题是怎样产生的；

(3) 引起这一消费问题的原因（理想状态或实际状态的变化）；

(4) 针对意识到的问题，采取了何种行动。

三、案例分析题

阅读下面的案例，并完成讨论。

苏军从来没有想过会买商品房。他现在住的是享受国家福利分房政策购买的房子，尽管选择余地少，但省心、放心。房子是小了些，但不是问题的关键，现在最让他头痛的是环境太吵了，严重影响到睡眠和休息。朋友建议他再贷款买一套商品房，把现有的这套出租，用租金来还房贷。自从听了朋友的这一席话之后，苏军越来越觉得在现有的房子住不下去了，于是下决心要尽快再买一套。

说起来容易做起来难。买房对我们许多人来说都不是件容易的事。以绝大多数人目前的经济状况来看，一辈子能买上一套宽敞的住房就已经不错了。若买到好房子，那是一辈子受益的事情；若买不到好的，那就有罪受了。苏军首先上网寻找。在网上看到比较中意的楼盘，再实地考察一番。一个多月下来，楼盘是看了不少，但并没有适合苏军的，倒是有关买房的负面新闻经常见诸各种报刊。这样一来，苏军对买房就越来越没有把握了。他生怕不小心坠入买房陷阱。

苏军自知不是买房的专家，于是决定以勤补拙。经过多方了解，他确定了以下购房标准：一是选区域——最好是政府规划重点发展地区，这些地方未来升值潜力大。二是选环境——小区内要安静，最好有山有水，外围要有较好的购物环境和交通设施。三是选方位——方位要朝南。四是选房型——最好是跃式，三室两厅的结构比较合适，南北通透。五是选楼层——不要太高，也不要太低，最好是 8 层或 9 层。六是选开发商——要选大的、已经有不少成熟楼盘的开发商。七是选物业——最好是独立的有良好信誉的物业管理公司。八是价格与优惠——最好是在促销期间购买。有了这几条，苏军自信多了。他相信自己在买房方面不再是外行了，面对售楼小姐，不会像新手那样发怵了。

近两个月的寻寻觅觅之后，苏军终于看上了某地段的一套房子，但标价是 320 万元，他觉得贵了一些。他并没有急于交定金，而是找了不少朋友，一是打听在售楼方面折扣的通常做法，二是打听该地段有关的折扣政策。最后，他希望能用 300 万元左右的价钱买下来。当他有了较大的把握之后，在国庆节“黄金周”的最后一天，他与太太一起到了售楼处。一位漂亮的售楼小姐接待了他们。当售楼小姐对他们所要的单元做了一番计算并提出了 320 万元的报价时，苏军将楼层优惠、黄金周促销以及有关朋友介绍优惠等售楼政策侃侃道来，并请售楼小姐把售楼部经理叫来。在一番轰炸后，苏军相信售楼小姐一定以为他是行家里手了。尽管最后他以 310 万元的价格买下了这套房子，但苏军对低于原标价 10 万元的成交结果还是比较满意的。他认为可以在这里住上六七年，由于这一地区的发展，这套房的升值潜力还是较大的，到时候出租或出售都会很合算。

资料来源：[美] 迈克尔·所罗门，[中] 卢泰宏. 消费者行为学（中国版）. 6 版. 北京：电子工业出版社，2006：323-324. 略有修改。

讨论：

1. 结合本章有关消费者决策类型划分的理论知识，你认为苏军购买房子的决策是哪种类型？

2. 苏军购买房子的过程对于你购买住房或其他耐用消费品有什么启示？

即测即评

测评试题

第三章

消费者的心理活动过程

——洞察影响消费者行为的心理因素

通过本章的学习，读者应了解和掌握：

- 消费者知觉的概念和过程；
- 消费者知觉的结果；
- 消费者学习的概念与特点；
- 消费者学习的类型；
- 消费者态度的概念与构成；
- 消费者态度的形成与改变；
- 态度在消费者购买行为中的作用。

导入案例

南方黑芝麻糊的一则广告情节是：一位身穿几十年前旧式服装的儿童站在自己家门口玩耍，忽然听到小巷深处传来一声吆喝："黑芝麻糊哟！"儿童赶快找妈妈要了一点零钱，拿起一只碗，飞快地朝吆喝声传来的方向跑去，买回一碗又香又浓的黑芝麻糊，美美地喝起来，连碗底都舔干净了。接着，电视镜头一转，几十年以后这个儿童已经长成一个中年人，每次看到南方黑芝麻糊的时候，都会回想起自己儿童时期最美的享受，对南方黑芝麻糊产生了一种深厚的感情，仍然经常买给自己和家人食用。这则广告曾经被评为最佳广告，使南方黑芝麻糊一举成名，在很短的时间内打开市场，成为名牌产品。

资料来源：刘飞燕．消费者行为学．南京：南京师范大学出版社，2011．

消费者的心理活动过程，可以从知觉、学习和态度三个方面去分析。这三个方面既是支配消费者行为的重要因素，也是企业制定和实施营销策略的重要基础。

第一节　消费者的知觉

一、感觉与知觉

感觉是人脑对直接作用于感觉器官的客观事物个别属性的反应。我们每个人通过眼睛、耳朵、鼻子、口、手指等感觉器官直接感受到光线、色彩、声音、气味等刺激。消费者在感觉的基础上形成知觉。所谓知觉，指的是消费者选择、组织及解释外界的刺激，并给予有意义及完整图像的一个过程。

感觉和知觉都是当前事物在人脑中的反映，但感觉是对对象和现象个别属性（如颜色、气味、形状）的反映，而知觉则是人脑对直接作用于感觉器官的客观事物的整体形象的反映。事物总是由许多个别属性所组成，没有反映事物个别属性的感觉，就不会有反映事物整体的知觉，因此，感觉是知觉的基础。对一个事物的感觉越丰富、越精确，对该事物的知觉也就越完整。

二、消费者的知觉过程

消费者的知觉过程包括三个相互联系的阶段，即展露、注意和理解。如果信息不能依次经历这三个阶段，就很难储存到消费者的记忆中，也就无法有效地对消费者的行为产生影响。

（一）展露

展露指的是将刺激物展现在消费者的感觉神经范围内。当刺激物被置于个人相关的环境当中时，展露就已经发生，它并不要求个人一定能够感觉到刺激物。例如，电视上正在播放一则广告，但你可能在与家人聊天或在做别的事情而没有注意到，但广告展露在面前却是事实。

当展露发生时，刺激要被消费者所感受到，必须达到一定的强度，也就是越过感官阈限。所谓感官阈限，指的是感觉器官要能有效地感受到某一刺激，所需的最低刺激量水平。感官阈限可以分为绝对阈限和差异阈限。绝对阈限是指某一刺激能被感觉器官感受到所需的最低刺激量。例如，高速公路旁边广告牌上的文字如果太小，开车路过的人会根本看不到，这就是文字大小低于人们视觉阈限的结果。差异阈限指的是感觉器官对于两个刺激之间的变化或差异，所能够察觉到的最小值。这种人们能够察觉到的最小刺激变动量又被称为最小可察觉差异。例如，两种颜色之间如果差别很小，普通人根本看不出区别，原因就是这种差别没有达到一般人能够感受到的最小可察觉差异。最小可察觉差异在营销领域有着广泛的应用。另外，在现实中，像山寨产品、钓鱼网站的存在，在很大程度上也是利用了最小可察觉差异。

知识链接 3-1

最小可察觉差异的概念在价格、数量、质量和附加购买领域都有应用的价值。

- 价格：消费者通常不会感觉到价格之间的微小不同。人们通常会认为 19.95 元和 19.99 元并没有多大差别。因此，企业可以通过小幅度提高价格的方式来避免消费者对涨价的抵制。当然，如果是降价的话，其幅度也必须足够大才能让消费者感觉到。
- 数量：微小的数量改变经常不会引人注意，例如，包装食品的重量从 500 克减少到 495 克，消费者很可能察觉不到前后有所不同。
- 质量：小幅度的质量改善可能对于消费者来说毫无影响。因此，如果企业要通过质量提高吸引消费者，质量的改变必须足够大。
- 附加购买。伴随大量购买的少量附加购买可能不会让人产生增加消费的感觉。例如，一个消费者在网上花 425 块钱买了一双运动鞋，这时消费者可能会接受在订单上再增加一双 7 块钱袜子的建议。因为在这种情况下，一双鞋的价钱与一双鞋加一双袜子的价钱对于消费者而言可能没有什么区别。

当展露的刺激强度超过感官阈限时，并不意味着消费者一定会接受。例如，当消费者在看电视或视频时经常出现的跳台（使用遥控器换台）和快进（使用快进功能来快速跳过不想观看的画面）行为，使得很多广告无法被目标观众所看到；还有些读者根本不去阅读报纸或杂志上刊登的广告。为了应对消费者避开广告的行为，企业在实际中采用了很多方法。一类方法是强制消费者阅读或观看广告，例如，在网络上使用不能被关闭的弹出式广告，在电影院放映电影之前播放广告等。这些方法虽然有效，但却容易招致消费者的反感。还有一类方法是将广告与娱乐节目或电影结合起来，让消费者在欣赏节目或电影的同时接触到广告信息，例如，加多宝凉茶冠名“中国好声音”，一些电影里面的植入式广告等。

（二）注意

注意是指消费者对展露于其感觉器官面前的刺激物做出进一步的加工和处理，可以划分为自愿性注意和非自愿性注意。自愿性注意指的是消费者主动寻找一些与其个人相关的信息。例如，当我们要购买一台笔记本电脑时，我们就会对电脑的相关信息很感兴趣，因而特别留意此类信息。对于企业来讲，如何在广告中让消费者认为产品和服务信息与其自身有关，以便引起其注意，对于广告的效果至关重要。非自愿性注意指的是消费者的注意是来自一些令其惊讶、新奇、感到威胁或没有想到的信息。在营销中，营销人员可以利用一些强烈的对比或出乎意料的画面和声音，来引发消费者的非自愿性注意。

在营销实践中，为了吸引消费者的注意，企业常常对营销信息的大小、颜色、位置等进行设计和控制。一般来说，大的刺激物相对于较小的刺激物更容易被人们注意到，因而，一则全页广告相对于半页广告或四分之一页广告更容易引起人们的注意。某些颜色会使人产生兴奋的情绪，进而导致注意，例如，鲜艳的包装比色彩暗淡的包装更容易吸引人的视线。此外，物体在人们视线中的位置不同，吸引注意的能力也会有差异。以印刷品广告为例，印在纸张右侧的广告比印在纸张左面的广告更引人注目，报纸左上角的信息比右下角的信息会更多地被注意到。

（三）理解

理解是消费者赋予刺激物以某种含义或意义的过程，它主要涉及对刺激物的组织与归类。刺激物的组织指的是人们倾向于将刺激物作为一个有意义的整体去看待。在进行组织时，人们一般会遵循以下三个原则：

1. 封闭性原则

它指的是人们倾向于将不完整的图形感知为完整的图形，也就是说，人们通常会根据自己以往的经验来填补图形中的空白部分。例如，图 3－1 中，虽然有所残缺，但我们还会将该图视为一个圆圈。这一原则可以解释为什么霓虹灯广告中有几个字不亮了而大多数人依然能看懂广告牌。

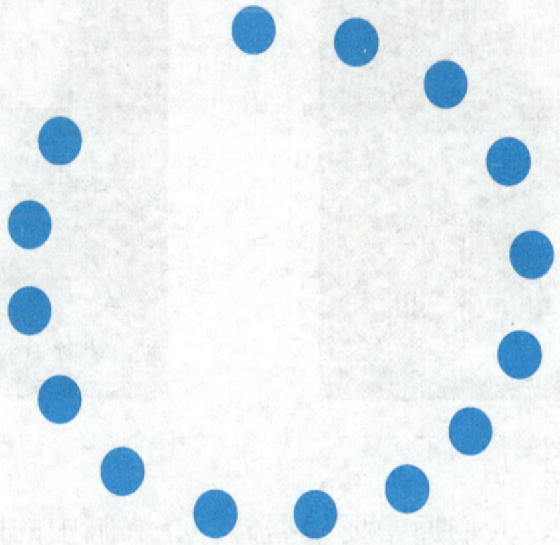

图 3－1　理解的封闭性原则示例

2. 相似性原则

它指的是人们倾向于将相似的刺激物归为一类。对于图 3－2，大多数人会认为这是三行圆形和两行正方形，也就是说，将圆形归为一类，而将正方形归为另一类。在营销中，很多企业会采用相似包装策略，即对所生产的各种产品采用类似的包装，其目的就是让消费者在看到这样的包装后，联想到这是同一家企业的产品。

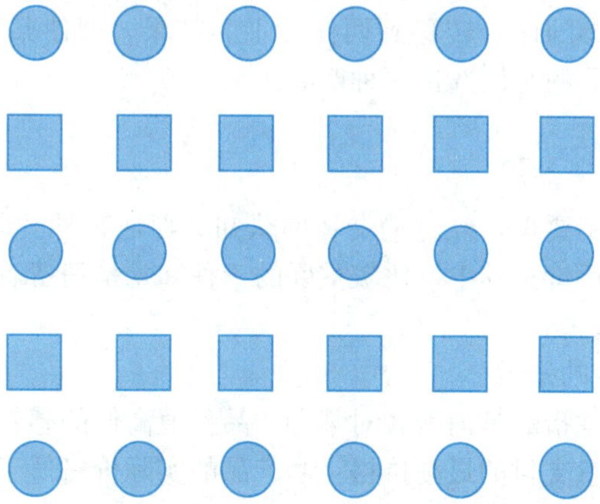

图 3－2　理解的相似性原则示例

3. 图像–背景原则

它指的是人们会将刺激物的某个部分置于焦点的位置，视之为图像，而将其他部分置于相对次要的位置，视之为背景。例如，图 3－3 中，你看到的是一个杯子还是两个人脸？图 3－4 中，你看到的是一位老妇还是一位少女？答案取决于你的焦点放在哪里。

图 3－3　理解的图像—背景原则示例 1

图 3－4　理解的图像—背景原则示例 2

对刺激物进行组织之后，人们通常要根据储存在头脑中的既有概念对其归类，也就是辨认该刺激物，判定它到底是什么。例如，我们看到别人手里拿着一部手机，我们怎么知道那是一部手机呢？这是因为我们拿别人手里的手机的外形，和我们脑海中的手机外形进行了比对，所以知道它是一部“手机”。但是，对于一位非洲某原始部落的酋长而言，由于从来没有见过手机，脑海中没有手机的概念，虽然他看到的刺激物与我们都是一样的，却无法得出那是一部“手机”的结论。

刺激物被归为何种类别的事物当中，对于消费者行为具有重要的影响。例如，“西洋参”和“人参”在成分、功效上可能存在很大差别，但大多数消费者将二者都归结到“补品”类别，而且将对人参的评价转移到西洋参上。结果，即使某个消费者并不了解西洋参，也有可能在购买补品的时候选择这种产品。

三、消费者知觉的结果

企业提供的各种营销要素，经过消费者的认知会形成某种“印象”，进而影响消费者的购买、使用及购后的评价。其中，比较重要的三种知觉是消费者对价值的知觉、对质量的知觉和对风险的知觉。

（一）消费者对价值的知觉

消费者对价值的知觉指的是消费者对某种产品价值高低的感知，而这种感知又在很大程度上决定了消费者愿意支付的最高价格。当产品的实际价格低于消费者愿意支付的最高价格时，他们可能会购买该产品；而当实际价格高于其愿意支付的最高价格时，消费者便可能因为感觉产品不值这个价而不会购买。一些高档商品在广告中会展现奢华的场面或消费者使用该商品后引来艳羡的目光，其目的就是使消费者感知到更高的价值，接受这类产品不菲的定价。另外，在房地产、汽车和手机等电子产品领域，一些商家之所以会采用“饥饿营销”，一个重要的目的就是通过控制产品的供应量，人为地制造产品的稀缺性，让消费者在“物以稀为贵”的思维定式中提高对产品价值的认知。

（二）消费者对质量的知觉

产品或服务的质量是影响消费者购买决策的重要因素，不过，真正影响消费者决策的往往是对产品的主观认知，而不一定是技术标准或内在特性。一般而言，消费者会同时利用许多信息的线索形成对产品质量的感知，既包括内在的线索，也包括外在的线索。

产品内在线索指的是产品的外形、原材料、光洁度等特征，对于服务业来说，则指的是服务的场所、人员以及设施等。例如，顾客会根据餐厅的卫生如何、服务员的着装是否整洁、餐具是否精美来判断这家餐厅的服务质量。

产品外在线索指的是产品的价格、原产地、品牌、经销商、品牌或企业的声誉等。例如，价格经常被作为一种评价产品质量好坏的线索，“便宜没好货，好货不便宜”这种说法，就反映了消费者认为价格与质量之间存在着相关关系。不过，价格在判断产品质量时的这种作用，会受到购买风险和消费者产品知识的影响。当购买风险比较高、对所购买产品的品牌不太熟悉时，消费者更倾向于用价格作为判断质量的线索。还有些消费者会根据产品的原产地来判断产品质量的好坏，这被称为原产地效应。例如，一提起中国的丝绸和茶叶、日本的家电、意大利的时装，很多人都会认为这些产品都是质量最好的。

❖实例链接 3-1

桌上放着两个同样的小碗，里面倒满了白酒，碗的旁边分别放着标价不同的两个标签：一个标着 16 元一斤，另一个标着 36 元一斤。请几位不常喝酒的人来品尝，问哪种酒好喝。大家这种喝一口，那种品一口，最后都说：“还是 36 元一斤的酒好喝。”说完后，主持人告诉大家：“两个碗里放的是同一种酒。”由于请来品尝的几位都是不常喝酒的人，大家都不具备真正判别酒质量的能力，因此，外在因素——标价，就成了大家评判酒好喝与否的标准。

（三）消费者对风险的知觉

消费者对风险的知觉指的是因无法预料购买结果的优劣而产生的一种不确定感。具体来说，消费者在购买时会感知到的风险主要有以下几种类型。

1. 功能风险

功能风险指的是消费者所购买的产品或服务可能并不具备企业所宣传的功效，没有产生预想中的效果。例如，消费者在购买了某款手机之后，发现电池的实际待机时间并不像广告当中所宣传的那么长。

2. 资金风险

资金风险指的是消费者花费了很多金钱，却不一定能够买到高质量的产品或享受到优质的服务，这也就是我们常说的“花冤枉钱”的情形。

3. 社会风险

社会风险指的是消费者购买某一产品或服务有可能会损害到他的社会关系。例如，某位大学生购买了笔记本电脑之后，经常夜里玩游戏玩到很晚，有可能会影响宿舍其他同学的正常休息，导致同学之间的矛盾，损害他与同学之间原本和睦的关系。

4. 安全风险

安全风险指的是消费者购买某一产品或服务有可能会危害他的健康和安全。例如，家用燃气热水器可以为消费者带来洗浴的便利，但是如果安装和使用不当，或购买了质量低劣的产品，就会给消费者的人身安全带来极大的隐患。

5. 心理风险

心理风险指的是消费者在购买某一产品或服务之后，有可能会产生不满和失望的情绪。例如，消费者在“十一”黄金周期间到外地旅游，有可能会在乘车、食宿和游玩等方面遇到由于人流太多所带来的诸多不便，从而使旅游所带来的愉悦感大打折扣。

第二节　消费者的学习

学习是消费过程成功不可或缺的一个环节。人们通过学习获得绝大部分的态度、价值观、品位和行为偏好等。社会文化、家庭、朋友、大众媒体以及广告为人们提供各种学习体验，这些体验影响着人们所追求的生活方式和他们所消费的产品。

一、消费者学习的概念

所谓学习，指的是由于信息与经验的影响所产生的一种行为、情感以及思想上相当持久的改变。从这一概念可以看出，学习具有三个特点：

第一，学习来源于信息与经验。凡是来自外部的信息和自身的经验，都会导致学习的发生。来自信息与经验的学习可以划分为两种类型：一是通过有计划的学习或训练而产生的学习；二是由于社会生活中的经历而产生的学习，如通过实际使用而了解到某一品牌手机的优点和不足，通过网络了解到某产品具有安全隐患等。

第二，学习伴有行为、情感以及思想上的改变。行为改变的发生往往比较容易被直观地观察到。当某人表现出一种新的技能或实施了某种活动，例如开车、熟练使用一种新的统计软件，我们可以推断出，此人进行过学习。情感和思想上的变化虽然是抽象的，不能被直接观察到，但它可以改变人的潜在行为，并会在以后的行为中表现出来。例如，消费者购买了某一品牌的电器，在使用中感觉很不满意，继而对该品牌产生了厌恶、排斥感，这就是由于经验而带来的情感变化。

第三，学习所引起的改变是相当持久的。无论是行为、情感还是思想，只有发生较为持久的改变，才能算是学习。不过，学习所引发的改变也并不一定就是永久的，例如，我们都有过课堂上学习到的某些知识被遗忘的经历。不过，相对于那些暂时性的变化，这些知识被保持的时间还是比较持久的。

二、消费者学习的类型

(一) 模仿式学习

消费者并不一定直接通过体验来学习，而是可以通过观察他人的行为和后果来调整自己的行为，另外还可以运用想象预期行为的不同后果。这种类型的学习被称为“模仿式学习”。常见的模仿式学习是通过获取信息、模仿，摈弃旧的消费方式，建立新的消费方式。例如，电视、报纸等各种媒体通过介绍产品使用方法、有奖知识竞赛等方式，让消费者更多地了解和学习产品信息。

知识链接 3-2

模仿过程是一种强有力的学习方式，人们总想模仿他人行为的这种心理会产生负面影响。尤其值得关注的是电视和电影有时会使孩子形成暴力倾向。如果小孩通过他们看到的影视作品中的人物了解到了某种暴力行为，在以后的时间里，当孩子生气时，这些行为就可能会表现出来。一个经典性实验证明了这一点。在这个实验中，看见过大人踢门或者刺破大的充气玩具行为的孩子，与其他没看到这些行为的孩子相比，更容易重复这些行为。

(二) 反应式学习

反应式学习是指通过外界信息和事物的不断刺激，形成一种反应，并通过感观与体验为消费者所接受和学习，促使其进行购买。我们可以把反应分为如下两种类型。

1. 经典性条件反射

当引起反应的一种刺激和另一种自身不能引起反应的刺激一起出现，就会发生经典性条件反射。经典性条件反射是被动学习。

知识链接 3-3

心理学家巴甫洛夫（Pavlov）在一次给狗喂食的实验中首次发现了经典性条件反射这一现象。巴甫洛夫通过把一个中立的刺激（铃声）与一个能引起狗分泌唾液的反应的刺激（他把肉末放进狗的嘴里）放在一起产生了经典性条件反射。肉末是一种无条件刺激，自然就能引起反应；经过一段时间后，则转变成了条件刺激。铃声一开始不能引起狗分泌唾液，但每次只要铃声响，狗就能得到食物。因此狗学会了把铃声和肉末联系在一起，只要一听到铃声就流口水。狗的这种一听到铃声就联想到喂食时间的反应，就是条件反射。

经典性条件反射在消费领域经常被使用。例如，流行音乐（无条件刺激）能引发许多人的正面情感（无条件反应），如果这种音乐总是与某种品牌的钢笔或其他产品（条件刺激）同时出现，这种品牌本身也变得能引发正面情感（条件反应）了（见图 3-5）。

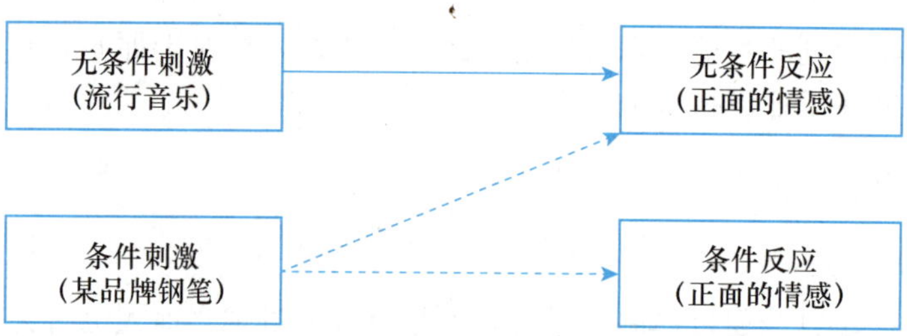

图 3－5　经典性条件反射下的消费者学习

❖实例链接 3－2

以下是在营销中运用经典性条件反射的一些例子：

- 不断地在令人兴奋的体育节目中宣传某种产品，会使该产品本身令人兴奋。
- 在美国，一个不知名的政界候选人可以通过不断地在其竞选广告或露面现场播放具有爱国内容的背景音乐，激发选民对其产生好感。
- 商店内播放与节日有关的音乐，会激发人们给予和分享的情绪反应，从而提高消费者的购买意向。

2. 操作性条件反射

操作性条件反射又称工具性条件反射，主要是探讨行为的结果如何影响再次采取该行动的概率。如果一个操作或自发反应出现之后，有强化物或强化刺激出现，则该反应出现的概率就会增加；经由条件作用强化了的反应，如果出现后不再有强化刺激伴随，则该反应出现的概率就会减弱，直至不再出现。该理论主要是由美国哈佛大学的学者斯金纳（B. F. Skinner）在利用著名的斯金纳箱对老鼠与鸽子进行实验的基础上提出的。

知识链接 3－4

20 世纪 30 年代后期，斯金纳为研究操作性条件反射，精心设计制作了一种特殊的仪器，即一个阴暗的隔音箱，箱子里有一个开关（如用白鼠为被试，即是一小根杠杆或一块木板；如以鸽子为被试，就是一个键盘），该仪器被称为斯金纳箱（SkinnerBox）。动物在箱内可自由活动，当它压杠杆或啄键时，就会有一团食物掉进箱子下方的盘中，动物就能吃到食物。箱外有一装置记录动物的动作。斯金纳通过实验发现，动物的学习行为是随着一个起强化作用的刺激而发生的。斯金纳把动物的学习行为推而广之到人类的学习行为上，他认为虽然人类学习行为的性质比动物复杂得多，但也要通过操作性条件反射来产生。

通过一段时期的学习，消费者可以产生某种行为，在这一过程中被奖励的中间行为称为塑造。例如，一家新开店的店主可能会给光顾商店的顾客一些奖励，希望以后他们会继续光顾并最终购物。理解操作性条件反射不同于经典性条件反射的一种有效的方式是：在操作性条件反射中，进行某种行为是因为它是有利的，即能带来奖励、避免惩罚。新开店时给予消费者奖励，那么消费者会因为获得的奖励而继续光顾这家店。厂商可以通过逐步强化消费者的这种认识来塑造消费行为，具体可采用多种方式，如在其购物后说声“谢谢”、给其高额折扣、提供电话购物送货上门等（见图 3-6）。

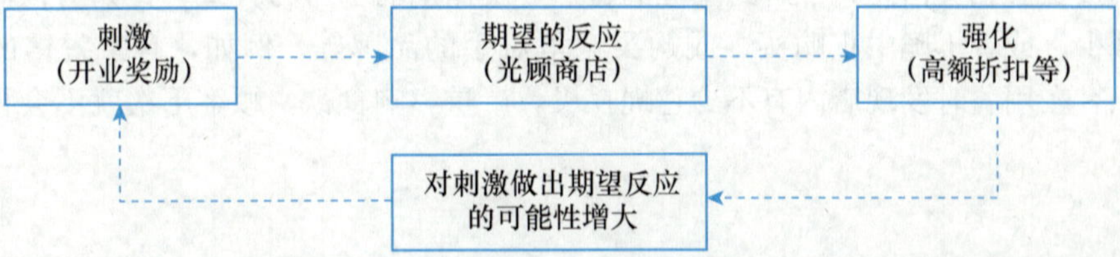

图 3-6 操作性条件反射下的消费者学习

❖实例链接 3-3

以下是在营销中运用操作性条件反射的一些例子：

● 在销售之后，通过信函、人员回访等形式祝贺购买者做出了明智的选择。

● 对购买特定品牌的消费者给予折扣、小玩具、优惠券之类的额外强化。

● 免费派送试用品或优惠券鼓励消费者试用产品（行为塑造）。

● 通过提供休闲场所、空调设施、精美布置，使购物场所令人愉快（强化）等。

要注意的是，在反应式学习中，人们的经验是由生活中所接收到的反馈积累起来的。类似地，消费者对产品名称、香味等要素的反应是以他们日积月累所形成的联想为基础的。通过学习，人们得知他们的行为会导致奖励或惩罚，这种反馈反过来会影响他们将来在类似情况下的行为。

三、消费者学习的效果

消费者通过学习之后可以改变原来的行为方式，这些行为方式的改变与企业经济利益存在直接的关系，所以研究消费者的学习效果具有相当重要的意义。一般来说，消费者的学习效果可以分为下述四种。

（一）加强型

通过一段时间的学习之后，强化了原来的行为，增加了消费行为的频率。

（二）稳定型

学习消费某种商品或某一类型的商品之后，这种行为方式逐渐稳定下来，并形成一定的消费习惯。

（三）无效型

不管怎样学习，即使消费者使用过这种商品，并且接受了大量的该商品信息，都没有改变他原来对待这种商品的行为方式，学习之后没有相应的效果。出现这种情况的原因可能是消费者长期没有消费需要。

（四）削弱型

由于接受了相关信息，了解到企业的特点，反而削弱了行为方式，比如对该品牌的购买频率减少，或者干脆中止购买，或购买竞争对手的品牌等。例如，有家餐馆的门面不错，但顾客在用餐时发现店内有不少苍蝇在飞，严重影响食欲，顾客下次就不会再光顾这家餐馆了。

第三节　消费者的态度

一、消费者态度的概念

（一）态度与消费者态度

态度是人们对于事物所持有的肯定或否定、接近或回避、支持或反对的心理和行为倾向。态度与认知、情感和行为的联系十分密切，态度包含了情感因素，体现在人们对于事物的喜爱和厌恶的情感反应上。

态度对于消费者行为的影响具有一定的潜在性、倾向性和稳定性，但不像消费者动机那样具有强大的驱动力，也不会像消费者的习惯那样能够导致消费者快速决策。态度对消费者行为的影响集中于消费者的好恶评价和价值判断方面。

消费者的态度是消费者在购买活动中的重要心理现象，是消费者确定购买决策、执行购买行为的心理倾向的重要体现。消费者态度会影响消费心理和消费者行为。在一定时间内，态度具有相对的稳定性，所以消费者态度对商品选择、购买和消费过程所起作用的时间较长。态度的形成与改变直接影响消费者的购买行为。深入分析消费者的态度及各种特殊心理反应，对于全面研究消费者的心理与行为的特点，具有重要的意义。

（二）消费者态度的构成

态度作为一种心理倾向，通常是以语言形式的意见或非语言形式的动作、行为等作为自身的表现形态。因此，通过对意见、行动的了解、观察，可以推断出人们对某一事物的态度。同样，通过消费者对某类商品、劳务的意见、评价，以及积极、消极乃至拒绝的行为方式，也可以了解其对该类商品、劳务的态度。例如，当观察到消费者对某品牌冰箱踊跃购买时，就可以推断出消费者对该品牌持肯定、赞赏的态度。

消费者的态度由认知、情感和行为倾向三种成分构成（如图 3－7 所示）。各个成分在态度系统中处于不同的层次地位，担负着不同的职能。

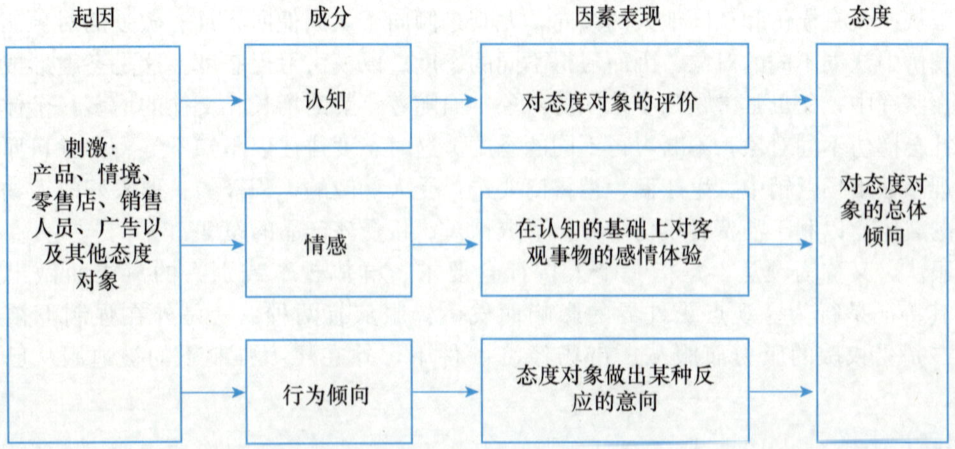

图 3-7 态度的构成因素

1. 认知成分

认知是指对态度对象的评价，是构成消费者态度的基石。它表现为消费者对有关产品的质量、品牌、包装、服务与信誉等的印象、理解、观点、意见。消费者只有在对上述事物有所认知的基础上，才有可能形成对某类产品的具体态度。而认知是否正确、是否存在偏见或误解，将直接决定消费者态度的倾向。因此，保持公正、准确的认知是端正消费者态度的前提。

2. 情感成分

情感是在认知的基础上对客观事物的感情体验，它是态度的核心。它表现为消费者对有关产品的质量、品牌、信誉等喜欢或厌恶、欣赏或反感的各种情绪反应。如果说认知是以消费者的理性为前提的，那么情感则带有非理性倾向，它往往更多地受消费者的生理本能和气质、性格等心理素质的影响。情感对于消费者的态度形成具有特殊作用。在态度的基本倾向已定的条件下，情感决定消费者态度的持久性和强度，伴随消费者购买活动的整个过程。

3. 行为倾向成分

行为倾向是指对态度对象做出某种反应的意向，它形成消费者态度的准备状态，表现为消费者对有关商品、劳务采取的反应倾向，其中包括表达态度的语言和非语言的行动表现。例如，消费者向他人宣传某商品的优越性，实际去购买等。行为倾向是消费者态度的外在显示，同时也是态度的最终体现。态度只有通过行为倾向才能成为具有完整功能的有机系统。

二、消费者态度的形成

消费者态度的形成过程，是消费者在后天环境中不断学习的过程，一般包括三个阶段。

（一）模仿和服从

态度的形成开始于两个方面：一是出于自愿，不知不觉地开始模仿；二是受到一定压力而服从。人有模仿和认同他人的倾向，尤其是倾向于认同他所崇拜、敬爱的对象。由于人在模仿中认同不同的对象，因而习得不同的态度。以模仿习得态度，这是态度形成的开端。在家庭中，父母常常是孩子认同的对象；而随着年龄的增长、交往的增多，个体在学校、社会模仿不同对象，不断习得不同的态度。这时态度往往以不知不觉、自觉自愿的方式表现。在市场营销中，生产商、销售商要选择受人尊敬的、积极的、形象好的人物作为广告的载体，以利于消费者模仿学习，形成认可、接受该产品的态度。

服从，又称为顺从，是指一个人按社会要求、群体规范或别人的意志而做出的行为。其特征是行为、观点受外界的影响而发生。服从有两种：一是外在强制下被迫服从；二是受权威的压力而服从。市场经济条件下，外在压力强制下的被迫服从已很少发生。

（二）同化

同化是指在思想、感情和态度上主动接受他人的影响。态度在这一阶段已由被迫转入自觉地接受、自觉地进行。在这个阶段，新的态度还不稳定，还没有同原有态度体系相融合，容易改变。

（三）内化

内化是指真正地从内心接受他人的思想观点，并将自己所认同的新思想与原有的观点结合在一起，构成统一的、新的态度体系，这是态度形成的最后阶段。这个阶段所形成的态度比较稳固，不容易改变。

态度的形成是从模仿到学习，从自发到自觉，从感性到理性，不断深化、不断增强的过程。但并不是所有的人对所有事物的态度都能完成这个转化过程，有的人只能停留在服从或者同化的阶段。

三、消费者态度的改变

消费者态度的改变是指已经形成的态度在接受某一信息或意见的影响后引起的变化。由于促成消费者态度形成的因素大多具有动态性质，且处于不断变动之中，因此，某种态度在形成之后并非一成不变，而是可以调整和改变的。

态度的改变可能有四种，如图 3－8 所示。

图 3－8　态度的改变

（一）消费者态度改变的方式

根据变化方式的不同，消费者态度的改变可以分为性质的改变和程度的改变。

1. 性质的改变

性质的改变表现为态度发生方向性的变化，即由原来的倾向性转变为相反的倾向性。例如，消费者对某名牌冰箱一直抱有好感，但购买后冰箱频频发生质量问题，消费者从此对该品牌失去信任，即由积极肯定的态度改变为消极否定的态度。

❖实例链接 3-4

美国加州葡萄干的销售者发现，消费者对葡萄干的态度是导致大量葡萄干积压的主要原因。于是他们进行了市场调研，结果发现，消费者知道葡萄干是有营养的，但它的形象令人生厌。随后，他们请人设计了葡萄干跳舞的广告，葡萄干欢快跳跃的形象改变了消费者的固有态度，从而使该州积压的葡萄干很快就销售一空。

2. 程度的改变

程度的改变表现为态度不发生方向性变化，而是沿着原有倾向呈现增强或减弱的量的变化。例如，通过实际使用，消费者对微波炉由一般感兴趣发展为大加赞赏，并极力向他人推荐，即态度的积极程度得到了加强。

在实际活动中，上述两种方式的区分并非是绝对的。在性质的改变中包含着程度或量的改变，而量的改变积累到一定程度，又会引起质的变化。通过各种途径将消极态度转化为积极态度，使一般的好感增强为强烈的赞许、支持，同时阻止积极态度向消极态度退化，力求使恶意或反感得到弱化，正是改变消费者态度的关键所在。

（二）消费者态度改变的途径

由于消费者态度是在诸多影响因素的共同作用下形成的，当影响因素发生变化时，消费者的态度也将随之改变，因此，凡是促成影响因素变化的措施，都可以成为改变态度的途径。按照方式的不同，说服可以分为直接说服与间接说服两类。

1. 直接说服

直接说服就是以语言、文字、画面等为载体，利用各种宣传媒介直接向消费者传递有关信息，以达到改变其固有态度的目的。直接说服的效果优劣受信息传递过程中各种相关因素的影响，例如，由谁来进行说服，通过什么途径进行说服等。

知识链接 3-5

一些广告会采用恐惧诉求的方式，即强调态度和行为如果不做改变将会导致一系列令人不快的后果。恐惧诉求通常包括身体方面的恐惧（例如吸烟引起的身体损害、家庭装修用油漆带来的身体不适等）和社交方面的恐惧（不合适的穿着、口腔异味、头皮屑等会引发别人异样的目光）。研究表明，在运用恐惧诉求的时候，主要的困难在于个体对恐惧的反应程度存在明显差异。特定的恐惧诉求广告，对某个人来说可能没有激起其恐惧感，但对于另外一个人来说恐怖程度可能又太高。

2. 间接说服

间接说服又称间接影响，它与直接说服的主要区别在于：它是以各种非语言方式向消费者施加影响，通过潜移默化，诱导消费者自动改变态度。间接影响可以采取多种方式进行，例如，通过所属群体的示范或亲身的实践体验。

四、态度在消费者购买行为中的作用

在日常的购买行为中，消费者何时、何地、以何种方式购买何种商品，取决于多种因素，其中态度具有极其重要的作用。

购买行为是消费者产生购买动机、形成购买意图、采取购买行动的连续过程，其中购买意图的形成是导致实际购买行动并最终完成购买过程的关键，而明确的购买意图来自对产品或劳务的坚定信念和积极态度。凡对某产品的品牌、质量、外观等有好感或偏爱，持肯定、赞赏态度的消费者，在产生购买需要时，必定首先将意图集中于该产品，进而导向该产品的实际购买。可见，消费者的态度与购买意图、购买行为成正相关关系，这一关系已被大量的调查结果所验证。

一般来说，态度在消费者购买行为中具有下述功能。

（一）导向功能

导向功能又称适应功能，即在纷杂的商品世界中，将消费者的购买意图直接导向能满足其需要的商品，使购买行为和消费者需要相互衔接和适应。

（二）识别功能

识别功能又称认知功能，即在态度倾向性的支配下，广泛搜集信息，了解和鉴别有关产品或劳务的性能、质量及功用，并评价其对消费者的价值大小，从而为正确制定与实施购买决策奠定基础。

（三）表现功能

表现功能是指态度能表现出消费者的性格、志趣、文化修养、价值观念及生活背景等，同时反映消费者可能选择的决策方案和即将采取的购买行动。

本章小结

1. 知觉指的是消费者选择、组织及解释外界的刺激，并给予有意义及完整图像的一个过程。消费者的知觉过程包括三个相互联系的阶段，即展露、注意和理解。比较重要的三种消费者知觉是对价值的知觉、对质量的知觉和对风险的知觉。

2. 所谓学习，指的是由于信息与经验的影响所产生的一种行为、情感以及思想上相当持久的改变。学习具有三个特点：学习来源于信息与经验，学习伴有行为、情感以及思想上的改变，学习所引起的改变是相当持久的。消费者学习的类型有模仿式学习和反应式学习，学习的效果分为加强型、稳定型、无效型、削弱型。

3. 态度是人们对于事物所持有的肯定或否定、接近或回避、支持或反对的心理和行为倾向。消费者的态度由认知、情感和行为倾向三种因素构成。态度的形成需要经历模仿和服从-同化-内化三个阶段。要改变消费者的态度，可以采用直接说服和间接说服的方法。态度在消费者购买行为中具有导向功能、识别功能和表现功能。

关键概念

感觉　知觉　展露　注意　理解　学习　模仿式学习　反应式学习　态度　直接说服　间接说服　导向功能　识别功能　表现功能

思考与训练

一、复习思考题

1. 什么是知觉？知觉过程包括哪三个阶段？
2. 消费者在购买时感知到的风险主要有哪几种类型？
3. 什么是学习？学习的特点是什么？
4. 消费者学习的类型有哪些？
5. 消费者学习的效果有哪几种？
6. 什么是态度？态度由哪几种成分构成？
7. 态度形成的过程一般包括哪几个阶段？
8. 消费者态度转变的途径有哪些？
9. 态度在消费者购买行为中的作用是什么？

二、实训题

1. 回忆你所看过的三则广告，其中一则基于模仿式学习，一则基于经典性条件反射，一则基于操作性条件反射。讨论每则广告的特点以及它们是如何运用本章第二节所介绍的原理的。

2. 选择一种常用的商品（如洗发水、牙膏等），针对身边的消费群体进行市场调查（调查对象的人数不能少于20人），了解消费者选用哪些品牌、选择该品牌的原因、是否会改换品牌以及改换品牌的原因。

三、案例分析题

阅读下面的案例，并完成讨论。

星巴克春季新品“猫爪杯”频频在抖音、小红书App上露脸，遭到人们哄抢。原价199元的玻璃杯网络价格一路飙升，炒到了近千元。此外，个别顾客为了抢购“猫爪杯”，在星巴克门店喧闹抢夺，甚至于动手。

“猫爪杯”造型甜美可爱，得到大众认可，特别受到女生欢迎是意料之中的事。但是，在价格翻了好几番的疯狂抢购热潮中，大部分人已经从追捧商品本身变为了追捧“星巴克”这个符号。

在一则抖音短视频中，抖友推荐了包括熊猫、小狗等造型在内的同款双层玻璃杯作为一“杯”难求的星巴克“猫爪杯”的替代品，同样小巧可爱，而且价格更加亲民。但是在评论中，许多网友指出，“我们要的是杯子吗？我们要的是星巴克这个名字”。

星巴克一杯咖啡的价格在几十元左右，这与它的消费者定位——“白领阶层”有关。百度百科给出了一个解释：“这些顾客大部分具有较高的受教育程度，爱好精品、美食和艺术，而且是收入较高、忠诚度较高的消费阶层。”再联想到电视剧、电影里走在上海、纽约街头，穿着长风衣，妆容精致，手握一杯星巴克匆匆赶路的白领形象，就不难理解为什么人们希望自己的拥有物刻上“星巴克”的名字了。

这里面包含了一种自我身份认同，当“我”消费着星巴克的时候，无论是在悠闲高雅的门店里上网、看书，还是外带一杯咖啡走在人群中，抑或是在朋友圈晒出当季新品“猫爪杯”，这都传递出一种意味：“我”有情调，享受着不同于街头寻常茶馆或大排档的休闲方式，“我”的身上贴着小资、优雅生活的标签。

当消费者从商品消费转为符号消费时，可能会在某种自鸣得意、炫耀心理的刺激下，做出一些非理智行为，例如为了购买“猫爪杯”恶语相向，甚至动手。但必须说明的是，这些非理智行为恰恰不合乎小资或是白领阶层的行为模范，显得粗鲁而掉价。

归根到底，“猫爪杯”也许只能作为某种身份象征的万千种外在代表物中的一种，对星巴克“发烧友”来说才必不可少。在“猫爪杯”溢价严重、炒得沸沸扬扬之时，普通消费者要警惕自身暴露的跟风心理，理智消费，并且知晓内心的自足比外在的标榜更加有力量。

资料来源：《星巴克“猫爪杯”爆红背后，是一种符号消费心理》，见 https：//baijiahao. baidu. com/s? id=1626882590409650829&wfr=spider&for=pc。

讨论：

请结合本章的态度与学习理论，探讨“猫爪杯”广受热捧背后的消费者心理。

即测即评

测评试题

第四章

消费者的需要和动机

——揭示引发消费者行为的直接动因

通过本章的学习，读者应了解和掌握：

- 需要的概念与类型；
- 动机的概念及与需要的联系；
- 动机的有关理论；
- 购买动机的特点；
- 购买动机的强度与唤起；
- 消费动机冲突。

导入案例

春丽吃饭公司，乍一听，这名字既俗气又潮酷。店内的装修不似其他餐馆那么精致，而是水泥地面、只刷了白漆的墙、红色的折叠桌椅和五颜六色的彩灯；店里的菜品也总是被人挑刺——一碗泡面 38 元，鱼香肉丝里只有肉。这里的一切看起来都那么的“不正经”，甚至有一种大排档、路边摊的感觉。

但就是这样一家“土酷”的小餐厅，不仅惊动了香奈儿、耐克等大牌到店拍摄大片，大半个网红圈和时尚圈都来“打卡”，全国各地更是冒出了一大批餐厅“公司”，比如广州的大利食饭公司、成都的吉祥火锅公司、郑州的淑芬串串公司……

春丽吃饭公司就是一家拍照属性大于吃饭属性的餐厅。吃饭+拍照，已经成为年轻人聚餐必不可少的一个环节，春丽吃饭公司则将拍照这件事放大再放大，不囿于传统餐厅功能的思维，使它在众多网红餐厅中别具一格，脱颖而出。

资料来源：《消费者变化太快？且看品牌如何花式作妖!》，见 https://www.sohu.com/a/232348734_465566。

需要和动机与消费者行为有着直接而紧密的联系，因为人们的任何消费行为都是在一定动机的驱使下满足某些特定的需要或欲望。因此，在影响消费者行为的诸多心理因素中，需要和动机占有特殊而又重要的地位。

第一节　消费者的需要

一、消费者需要的概念

需要是一种生理和心理上的缺乏状态，这种缺乏引导人们向一定方向努力，去实施相应的行为以消除缺乏的感觉。例如，生理上的缺乏导致人们对水、食物的需要；心理上的不平衡导致人们对社会交往、被人尊重的需要等。

需要、欲望和需求这三个概念相互关联，但又存在较为明显的区别。“需要”主要是指一种心理活动，这种心理活动会强烈地推动消费者采取消费行动，满足自己的需要。但这仅仅是一种心理活动，消费者是否能采取消费行动，还取决于内部因素和外部条件的作用。比如，是否存在满足需要的产品？在购物场所是否能够购买到这种产品？消费者是否具备相当的购买力？当需要指向一定的具体形式时，“欲望”产生了。欲望是指想得到能够满足需要的具体物品的愿望。如当人们感到饥饿时，产生食物的需要，这时候有人习惯吃米，有人习惯吃面，“米”和“面”是满足需要的具体形式，被称之为“欲望”。而“需求”是人们有能力购买并且愿意购买某个具体产品的欲望。

消费者的需要是推动消费者进行各种消费行为的最基本的内在原因，是消费行为发生前的一种心理倾向。只有当消费者的缺乏感觉达到了某种迫切程度，需要才会被激发，并促使消费者采取某种消费行为。例如，一些消费者可能有购买豪华汽车的需要，但由于经济条件的制约，这种需要只能潜伏在消费者的心底，而没有被唤醒，或者没有被充分意识到，并不会转化为现实的消费行为。

消费者的需要与消费行为之间，并不是一一对应的关系。一种消费需要可能产生出一种消费行为，比如手机坏了需要新的手机，消费者会直接去购买一部新手机；一种消费需要也可能产生出多种消费行为，如这位消费者买回手机后，又买了一个手机保护壳和一块移动手机电源。另外，多种消费需要也可能只形成一种消费行为，比如消费者需要一部手机和一部照相机，最后购买了一部拍照功能强大的手机，同时满足了两种需要。

二、消费者需要的类型

以需要的一般分类为基础，从营销视角出发，美国的布莱克韦尔（Roger D. Blackwell）等学者将消费者的需要划分为 10 种类型。

（一）生理需要

生理需要是消费者最基本的需要。实际上，满足这些需要是人类生存的基本前提。各行各业有大量的企业，例如食品生产与加工企业、饮料制造企业、超级市场、饭店以及各种床上用品企业，都在围绕着吃饭、喝水、睡眠等消费者的基本需要，提供着各种各样的产品。

（二）安全和健康的需要

在此，安全的需要指的是消费者对人身和财产免受意外伤害的要求。在现实生活中，各种各样的因素可能会危及消费者的人身和财产安全，例如自然灾害、犯罪分子、酒驾的司机、有缺陷的产品等。安全的需要促使人们为了个人安全而购买自卫防身用品，为了保护家庭财产而购买防盗保安用品，为了得到人身与家庭财产的安全感而购买人寿险与家庭财产险服务等，这些市场的规模都很庞大。

在注重安全的同时，消费者也越来越注重对身心健康的追求。许多职业、产品和服务的产生都是基于人们保持或改善身心健康的需要，例如医生、护士、药品、医院、健身俱乐部和健身器材、保健品以及大量与饮食、健康有关的书籍、杂志和电视节目等。在我国，近几年养生保健热兴起，消费者更加关注养生保健方面的知识，在医疗、健身等方面的支出不断增加，也从一个侧面反映了随着人民生活水平的提高，消费者的健康需要不断提高。

❖实例链接 4-1

米其林轮胎的广告非常注重突出在安全性方面的卓越表现。其曾做过的一则广告以一个普通三口之家共同出行为背景，用动画的形式呈现出在建设中的城市里驾驶可能遇到的各种障碍，以及这些障碍对轮胎造成的损伤和给车内车外的人带来的安全威胁。关键时刻，米其林轮胎先生为他们换上了坚韧的米其林 Energy XM2“韧悦”轮胎，使得车辆能够克服道路障碍，行驶更加安全无忧。

（三）爱情和伴侣需要

人类作为社会动物，几乎每个人都需要爱情和伴侣。像交友服务、社交俱乐部、婚介所、酒吧乃至“非诚勿扰”这类电视相亲节目，都是为了满足人类在这方面的需要。随着互联网的发展，婚恋、交友网站急剧增加，微信、微博的应用日益普及，使得人们满足爱情和伴侣需要的途径更加多样化。

除了直接满足爱情和伴侣需要的服务之外，有些产品也常常被赋予表达爱情和关怀的功能，例如鲜花、糖果、贺卡、珠宝、钻石等。

（四）经济安全保障需要

消费者的衣、食、住、行等各种需要的满足，都需要花费金钱来换取。为了过上稳定的生活，消费者必须具有稳定的经济来源，有可靠的经济安全保障。像职业技能培训，满足的就是人类在这方面的需要。

（五）社会形象需要

社会形象需要源自人们对他人的看法的关注以及维护其在社会环境中某种特定形象的愿望，而这种需要在某种程度上是通过特定的符号，也就是人们所购买和使用的产品来得到满足的。房产、汽车、服装乃至兴趣爱好都会对消费者的社会形象有所影响。

很多企业都强调其产品可以为消费者创造和传递社会形象。例如，很多男装西服品牌在宣传上采用“成功人士、价值品位”的基调，就是在产品基本功能之外，瞄准消费者的社会形象需要。特别是对于奢侈品来说，更多的是满足人们社会形象的需要。

（六）娱乐需要

绝大多数人都有娱乐消遣的需要。如果没有娱乐和刺激，生活会变得枯燥无味。娱乐行业正是建立在消费者的娱乐需要的基础之上的。电视、电影、音乐、演唱会、体育运动、游乐园、保龄球等都因为能够给人带来愉悦的体验而受到消费者的欢迎。

（七）拥有需要

拥有各种物品的需要，也是一种人类普遍的需要。这种需要的产生，有时候是为了获得物质上的享受。例如，拥有宽敞的住房、现代化的家电，可以让人在工作之余，享受舒适的生活，远离日常工作的压力。有时候，拥有的需要来自对精神生活的追求。例如，收藏家通过收集、购买自己喜欢的藏品，可以获得精神上的极大满足。

（八）赠与需要

赠与需要是指向社会或他人赠送金钱或物品的需要。向慈善机构捐赠财物就是满足人们捐赠需要的一种形式。当然，这种捐赠背后又有多种可能的原因，包括对遭遇不幸者的同情、树立慷慨或富有同情心的社会形象、显示自己的富有等。

另外一种满足捐赠需要的形式是向亲朋好友赠送各种礼品，如在春节、中秋节、情人节、父亲节、母亲节等节日，很多人都会赠送一些礼物，以此来庆祝节日、表达自己的感情。

（九）信息需要

是否掌握充分的信息，是决定消费者能否做出正确购买决策的重要基础。围绕着信息需要的满足，消费者会展开各种信息搜集、分析工作。

一些产品和服务专门服务于消费者的信息需要，例如报纸、书籍、电话簿、电视新闻节目等。近年来互联网在全球的快速普及，主要原因就是它能使消费者很容易获取信息。

（十）多样化的需要

人类总是有着求新求异的心理，多样化的需要就是在这种心理的驱使下产生的。一位消费者可能经常喝可口可乐，不过，过一段时间，他可能会买一瓶百事可乐或者果汁，其目的仅仅是要换换口味，感受不同饮料带来的新鲜感觉。

为了满足消费者对多元化的追求，企业经常会推出多种不同的产品和服务。例如，肯德基会定期推出新口味的套餐。

第二节　动机及其相关理论

一、动机的概念

一般认为，动机是“引起个体活动，维持已引起的活动，并促使活动朝向某一目标进行的内在作用”。动机可以被视为是一种个人内在的驱力，这种驱力促使个人采取行动。驱力主要来自因需要未得到满足而产生的紧张。当消费者的紧张达到一定程度时，便会产生驱力促使其采取行动来满足需要以降低其紧张程度。因此，动机是一种驱力，其主要目的在于降低或消除消费者的紧张。图 4－1 列示了这种关系的内涵。

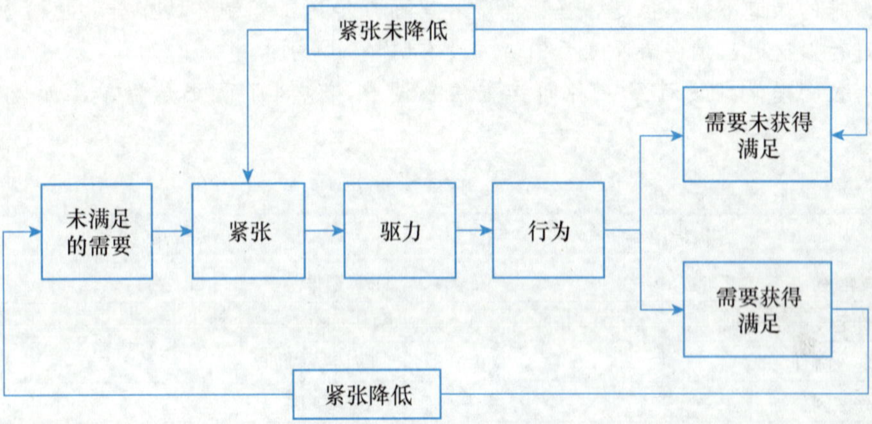

图 4－1　动机的作用过程

需要与动机存在紧密的联系。需要可以引发动机，并引导人们采取特定的行动。但需要又不同于动机，这是因为：

首先，需要并不一定会引发个体的行为，只有处于唤醒状态的需要才能驱使个体采取行动。需要的唤醒既可能来自内部刺激，也可能来自外部刺激。

其次，需要只是指明了行为的大致方向，而没有明确界定满足需要的方式或途径。在感到饥饿的时候，消费者为什么选择饼干而非蛋糕来解除饥饿呢？对此，需要本身并不能给予充分的解释，而动机则弥补了这一不足。

再次，在某些情况下，需要只引起人体自动调节机制发挥作用，而不一定引起某种行为动机。例如，气温的稍微降低虽然会使人感到不适，产生多穿衣的需要，但是人的体温可以自动调节，以适应这种气温的小幅变化。

最后，有时候，即使没有内在的需要，纯粹的外部刺激也会导致动机的产生。例如，某位消费者并不饿，但是闻到食物的香气，也有可能产生吃一顿的动机。

另外，消费者有时候会隐藏自己购物的真实动机，直接问消费者购买或不购买某种商品的原因，是无法探明其内心的真正原因的，只有通过一定的心理学的方法和技术，才可找到真正的原因。

❖实例链接 4－2

咖啡是世界上最流行的三大饮料之一。20 世纪 40 年代以前，人们饮用咖啡是件非常烦琐的事情：首先把咖啡豆研磨成粉，然后把粉末放入专用的咖啡炊具中煮沸，最后还要将咖啡过滤。20 世纪 40 年代，速溶咖啡出现了，减少了饮用咖啡的步骤，一冲即得，厂家纷纷看好这一产品，认为这种省时省力的产品理所当然会受到消费者的青睐。但是，实际情况不像预计的那样。速溶咖啡没有大获成功，反而不受欢迎。为了探究原因，厂家在消费者中进行了调查，得出的结果是消费者认为速溶咖啡的味道不好。但是，当让消费者当面就传统工艺制作的咖啡和速溶咖啡的味道进行对比时，消费者又表示二者并没有明显的差别。

有位心理学家设计了一种间接方法来调查，他列了两张购货单，如表 4-1 所示。

表 4-1　心理学家的购物清单

购货单一	购货单二
1 磅发酵粉	1 磅发酵粉
两块面包、一块萝卜	两块面包、一块萝卜
1 磅速溶咖啡	1 磅传统咖啡
1.5 磅牛肉	1.5 磅牛肉
2 磅桃子	2 磅桃子
5 磅土豆	5 磅土豆

在进行调查时，随机抽取一张购货单出示给被调查者，告诉他，这是一个家庭主妇的购货单，请他对该家庭主妇进行评价。调查结果显示，用购货单一的家庭主妇，被调查者评价为不会生活、懒惰、生活无情趣的人；而用购货单二的家庭主妇，被调查者评价为有消费经验、勤快、讲究生活情趣的人。而两张购货单的区别就在于一张列有速溶咖啡，而另一张列有传统咖啡。这样公司才找到了人们不愿意购买速溶咖啡的真正原因是人们观念上的因素：都不愿意被看成是不会生活的、懒惰的、生活无情趣的人。于是企业改变了广告宣传的主题，不再强调速溶咖啡省时省力的特点，而强调它的味道纯正，而且用节省的时间、精力可以做很多别的事情，令生活更丰富多彩。这才适应了消费者的观念，改变了消费者的态度，使速溶咖啡成了西方世界最受欢迎的饮料产品。

资料来源：王官诚．消费心理学．北京：电子工业出版社，2004：84.

二、动机的有关理论

动机是消费者行为的直接动力，在市场营销过程中，产品本身和营销人员要善于去激发和调动人的消费动机，因此很有必要来了解一些动机理论。在现代心理学中，关于行为的动机问题有各种各样的理论，而且各种理论还在不断地发展和变化。在此，我们主要介绍与市场营销密切相关的马斯洛的需要层次理论和赫茨伯格的双因素理论。

（一）需要层次理论

需要层次理论是研究人的需要结构的重要理论，是美国心理学家亚伯拉罕·马斯洛

(Abraham Maslow) 所提出的一种理论。他将需要按由低级到高级的顺序依次划分为五个层次或五种类型，即生理的需要、安全的需要、情感和归属的需要、尊重的需要、自我实现的需要（见图 4-2）。

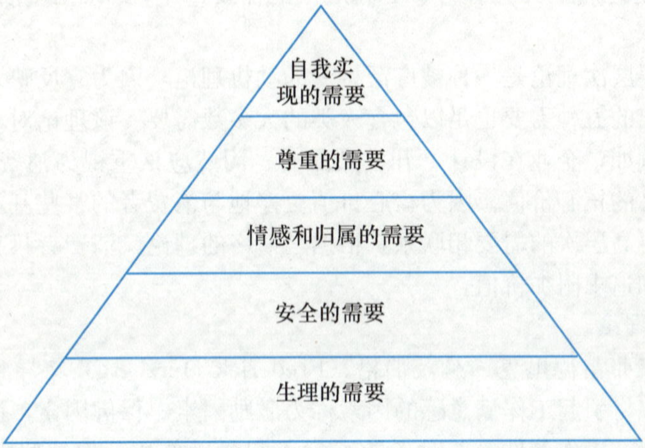

图 4-2 根据需要层次理论划分的五种需要类型

1. 生理的需要

这是人类维持自身生存的最基本要求，包括对氧气、水、食物、睡眠等方面的需要。如果这些需要得不到满足，个体的生理机能就无法正常运转。

2. 安全的需要

当生理需要得到了一定程度的满足之后，人们最需要的是周围环境不存在威胁生存的因素，需要生活环境具有一定的稳定性、有一定的法律秩序，即需要生活在有一定安全感的社会里，或者生活中有一种力量能够保护人们，需要所处的环境中没有混乱、没有恐吓、没有焦躁等不安全因素。

3. 情感和归属的需要

在生理需要和安全需要得到一定程度的满足后，人们会强烈地需要自己的朋友，需要自己的心爱之人，需要亲人关怀等，即需要在一个团体中找到一种归属感，需要被人爱护。如果这种需要不能得到满足的话，人们会强烈地感到孤独，感到被抛弃。

4. 尊重的需要

尊重的需要指的是人希望自己有一定的社会地位，要求个人的能力和成就得到社会的承认。尊重的需要又可分为内部尊重和外部尊重。内部尊重是指一个人希望在各种不同情境中有实力、能胜任、充满信心、能独立自主，也就是人的自尊。外部尊重是指一个人希望有地位、有威信，受到别人的尊重、信赖和高度评价。

5. 自我实现的需要

这是最高层次的需要，它是指实现个人理想、抱负，发挥个人的能力到最大程度，达到自我实现境界的人，接受自己也接受他人，解决问题能力增强，自觉性提高，善于独立处事，要求不受打扰地独处，完成与自己的能力相称的一切事情的需要。

马斯洛认为，人们会先寻求低层次需要的满足，然后再追求高层次需要的满足。个人的行为会先受到最低层次需要的驱动，等到这一低层次的需要得到相当满足之后，一项新的（并且是较高层次的）需要随之产生，并驱使个人采取行动来加以满足。这一需要得到满足之后，又会有另一更高层次的需要产生，如此不断地向更高层次需要递升。

马斯洛的需要层次理论是一种被广泛接受的动机理论，因为它反映了大部分人的行为动机，而且所提出的五种需要也足以包含人类的大多数需要。该理论对于企业的营销有一定的指导作用。例如，企业在设计、开发产品时，固然应该重视为消费者提供附加价值，但决不能忽视产品的核心价值。因为核心价值更多地与消费者的某些基本需要相联系，而附加价值主要与更高层次的需要相联系，根据马斯洛的理论，消费者只有在获取核心价值之后，才会重视和追求附加价值。

（二）双因素理论

美国心理学家弗雷德里克·赫茨伯格（Frederick Herzberg）将导致对工作不满的因素称为保健因素，将引起工作满意感的因素称为激励因素。保健因素，诸如规章制度、工资水平、福利待遇、工作条件等，对人的行为不起激励作用，但这些因素如果得不到保证，就会引起人们的不满，从而降低工作效率。激励因素，诸如升职、工作上的成就感、个人潜力的发挥等，则能唤起人们的进取心，对人的行为起激励作用。要使人的工作效率提高，仅仅提供保健因素是不够的，还需要提供激励因素。

将赫茨伯格的双因素理论运用于消费者动机分析，也具有多重价值与意义。商品的基本功能或为消费者提供的基本利益与价值，实际上可视为保健因素。这类基本的利益和价值如果不具备，就会使消费者不满。比如保温杯不能很好地保温，手机通话不清晰，都会使消费者产生强烈的不满情绪，甚至导致对企业的不利宣传、要求退货、赔偿损失、提起法律诉讼等对抗行动。然而，商品具备了某些基本利益和价值，也不一定能保证消费者对其产生满意感。要使消费者对企业产品、服务形成忠诚感，还需在基本利益或基本价值之外提供附加价值，比如使产品或商标具有独特的形象，产品的外观、包装具有与众不同的特点，等等。因为后一类因素才属激励因素，对满足消费者社会层次的需要具有直接意义。

第三节 消费者的购买动机

购买动机是消费者购买并消费商品最直接的原因和动力。这一节详细讨论与消费者动机有关的问题及动机理论在市场营销中的应用。

一、购买动机的特点

消费者的购买动机具有以下六个特点：

（1）明确的目的性。动机一旦形成，消费者就有了非常明确的购买商品和消费商品的目的。

（2）明确的指向性。消费者对即将购买的商品有明确清楚的要求。对于不同的商品而言，这种指向性是不同的，要依每一种商品的具体性质来分析。

（3）自觉主动性。动机的形成可能源于消费者本人（如需要、消费兴趣、情感导向或消费习惯等），也可能源于外部因素的激发（如广告的宣传、购物场所的提示等），当消费者有了购买商品的明确目的时，就会主动地搜集商品信息并选择购买方式。

（4）强大的动力性。在动机的支配下，消费者会主动自觉地做好购买准备，克服购买过程中的困难，在强大的动机支配下，追求自己所希望的体验，满足不同形式的需要。

（5）动机的多样性。动机直接指向商品的具体属性，但每位消费者因个性不同而形成不同的消费动机，面对不同商品消费者会表现出动机上的差异，在不同情境或不同场合下，消费者的动机更是千差万别，这都是动机的多样性表现。

（6）动机的组合性。消费者购买一件商品，可能出于多种消费动机，每一种动机所起的作用不一样，这种现象称为消费动机的组合性。例如，购买某品牌电视的消费者可能有四种动机：一是相信这种品牌终身维修；二是画面质量具有更好的透明感；三是相信这一品牌的科技实力；四是同事购买了这一品牌的电视机，效果非常令人满意。这四个动机中，第四种所起的作用可能最大。

动机的组合性广泛存在于各种商品的消费中，只不过动机组合有多有少。找出消费者多种动机的组合，并分析每一种动机的重要性，是商品定位前的消费心理分析内容之一。在当前的市场研究方法中，已有比较成熟的技术分析消费动机的组合性及其重要性。

二、购买动机的强度与唤起

购买动机的强度是指消费者在购买某一产品、满足特定需要上的意愿程度。一般而言，消费者购买动机的强度与需要的重要性与不满足程度有正相关关系。需要越重要，不满足程度越高，动机就越强烈。当动机本身的强度不够时，消费者采取行动的意愿就会很弱。动机的强度常用动机的唤起来表示。一个人的动机的唤起主要受内部刺激与外部刺激共同的影响。常见的内部刺激包括生理上的唤起、情绪的唤起以及认知的唤起等。而外部刺激主要是指来自外部环境的唤起。

（一）生理上的唤起

大部分生理上的唤起都是非自愿性的，来自生理上的变化。例如，因为发烧而感觉到冷、因为血糖降低而产生饥饿感。这种生理上的变化会引起人们的紧张感，继而产生购买某种产品的动机。例如，麦当劳的广告经常采用令人垂涎的美食画面，借此来引发消费者生理上的唤起。

（二）情绪的唤起

利用消费者的想象来引发情绪的唤起，进而促使消费者采取某些购买行为来降低令人不舒服的紧张程度。例如，化妆品的广告经常勾起人们在使用了该化妆品后自己会更有魅力、更自信的想象，使其处在一种强烈想要实现该种想象的情绪当中，进而采取实现该目标的购买行为。

❖实例链接 4-3

露华浓（Revlon）作为国际知名彩妆企业，其创业之路是从做指甲油开始的。但不同于其他企业，露华浓将指甲油定义为时尚配件而并不仅仅是涂在指甲上的材料，其营销策略是引导女性用不同颜色的指甲油来搭配不同的服装、心情和场合，从而大大拓宽了指甲油市场。

更重要的是，露华浓深知自己卖给女性的并不是实体产品（一种覆盖指甲的物品），而是一种梦想，梦想着通过指甲油能够吸引别人的注意，赋予使用者某种品位和魅力。其创立者之一查尔斯·郎佛迅（Charles Revson）曾这样总结他的理念："在工厂里，我们生产化妆品；在商店里，我们销售希望。"

（三）认知的唤起

有时候，一些不经意的念头会促使消费者在认知上感受到某种需要的存在。例如，在母亲节快要到来时，营销人员可以在广告中采用母亲的形象，唤起消费者在认知上的送礼需要，以传达其对母亲的感恩和关切。

（四）环境的唤起

消费者的有些需要是被环境的刺激所引发的，这就是所谓的环境的唤起。例如，同学或同事的漂亮服饰也会引发我们的购买欲望。

三、消费动机冲突

生活是丰富多彩的，人们的各种消费动机都想要得到满足，这是由消费动机的复杂多样性所决定的。但受一些条件的限制，人们同时实现全部的消费动机又有一定的难度，所以消费动机之间的冲突是避免不了的，也是正常的。

一般来说，消费动机的冲突有下述三种。

（一）双趋冲突

双趋冲突指的是两种对个体都具有吸引力的目标同时出现，形成强度相同的两个动机，但由于条件限制，只能选其中的一个目标，此时个体往往会表现出难于取舍的矛盾心理。"鱼与熊掌不可兼得"就是双趋冲突的真实写照。

如果消费者产生了两种或两种以上的购买动机，但因为支付能力所限而只能实现其中的一种，就会出现消费上的双趋冲突。例如，消费者既想买一台冰箱，又想买一台空调，但现有的资金只能二者择一，不能兼得。

（二）双避冲突

双避冲突指的是两种对个体都具有威胁性的目标同时出现，使个体对这两个目标均产生逃避动机，但由于条件和环境的限制，必须选择其中的一个目标。"前有埋伏，后有追兵"正是这种处境的表现。

现实生活中，消费者有时面对两种或两种以上的动机并且不得不做出选择，而这些选择都可能带来不利的后果或利益上的损失，消费者必须"两害相权取其轻"。在医疗服务领域，有些消费者既不喜欢打针也不喜欢吃药，但为了治病，又必须做出选择，便是一种典型的双避冲突。

（三）趋避冲突

趋避冲突指某一事物对个体具有利与弊的双重意义时，会使人产生两种动机态度：一方面好而趋之，另一方面则恶而远之。所谓“想让马儿跑，又想让马儿不吃草”就是这种冲突的表现。

在消费领域，当同一种产品与消费者要实现的两种或两种以上的消费动机相关联，实现一种动机时会带来真正的消费价值，实现另一种动机时会带来不利的后果，就会出现消费动机的趋避冲突。例如，有些消费者一方面喜欢在网上购物，另一方面又担心网上购物存在的风险。

知识链接 4-1

与传统渠道相比，消费者进行网上购物时所感知到的风险有明显不同的特点。例如，在网上输入网银的账号和密码时，有可能会被黑客盗取，产生资金安全方面的风险；在网上填写的个人信息可能会被泄露给其他一些公司或个人，购物的经历、习惯可能会被网站跟踪和分析，从而带来个人隐私方面的风险等。此外，有研究发现，消费者网上购物风险感知与年龄和网上购物频率有关系。年龄越小、网上购物频率越高，感知风险就越低。

四、动机理论与营销策略

消费者并不是在购买产品，而是使需要得到满足或使问题得到解决。因此，当消费者购买香水这种有芳香气味的化学品时，她是在购买“氛围、希望和使自己特别的感觉”。营销管理者必须发现某产品和品牌所能满足的动机和需求，并围绕这些动机去制定营销组合。

（一）发现购买动机

当有人询问你为什么购买某种牛仔服时，你通常会回答“很流行”、“我的朋友都穿它”、“很合身”或“看起来适合我”。然而，也许还有其他你不愿承认或没有意识到的原因：“它们使我显得性感”或“它们使我显得年轻”。以上原因的全部或部分都会影响对于一套牛仔时装的购买。上面提到的第一种动机是消费者意识到并承认的动机，称为显性动机。第二种动机是消费者未意识到或是不愿承认的动机，称为隐性动机。图 4-3 以购买凯迪拉克汽车为例，说明了这两类动机是怎样影响购买行为的。

营销经理的首要任务就是确定影响目标市场的动机组合。显性动机更容易被确定。直接询问（你为什么购买凯迪拉克汽车?）通常会获得关于消费者的显性动机的合理评价。确定隐性动机则复杂和微妙得多。一些高级分析技术，如投射技术，有时能用来深入分析隐性动机。

（二）基于多重动机的市场营销策略

一旦管理者找出了影响目标市场的动机组合，下一步就是围绕相应的动机制定营销策

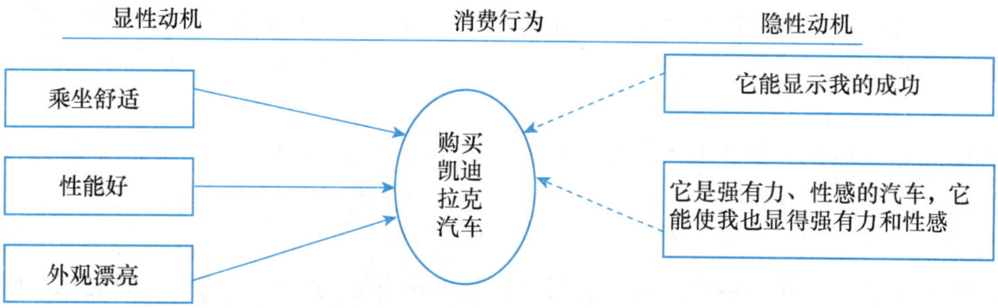

图 4-3　购买情境中的显性动机与隐性动机

略。假设图 4-3 所显示的动机真实准确地反映了某一目标市场的情况，管理者应该使用什么样的传播策略呢？

首先，由于存在多种动机，产品必须提供多种利益，广告也必须传递这些利益。显性利益较易传达。例如，有一则凯迪拉克广告说：“从三重抛光的表面涂层（一重用水、两重用油）到极精致的凯迪拉克座椅，高品质在凯迪拉克汽车上得到体现。”这一广告直接迎合了消费者追求产品质量的显性动机。直接的诉求对显性动机来说通常是比较有效的，这些动机是消费者觉察的或是愿意讨论的。

但是，由于隐性动机不被社会公开承认，从而需要采用间接的沟通方式。凯迪拉克轿车的大部分广告集中于产品质量，但在广告中（约占广告的 60%）却展示着一位看上去很富有的人在一家豪华俱乐部门前驾驶凯迪拉克。这里实际上采用了一种“双重”诉求方式。一方面，广告文案中的直接诉求侧重于产品品质，而间接诉求则集中于人们所追求的地位。虽然一则产品广告可能着眼于一个或少数几个购买动机，然而就整个传播活动而言，则需要考虑到目标顾客所有重要的购买动机。换言之，整个传播活动必须与目标市场的显性及隐性购买动机相配合，以便使产品在人们的记忆中占据一个合适的位置。

本章小结

1. 需要是一种生理和心理上的缺乏状态，这种缺乏引导人们向一定方向努力，去实施相应的行为以消除缺乏的感觉。消费者的需要可以划分为 10 种类型：生理需要、安全和健康的需要、爱情和伴侣需要、经济安全保障需要、社会形象需要、娱乐需要、拥有需要、赠与需要、信息需要和多样化的需要。

2. 一般认为，动机是“引起个体活动，维持已引起的活动，并促使活动朝向某一目标进行的内在作用”。需要与动机存在紧密的联系。与营销有关的主要动机理论包括需要层次理论和双因素理论。

3. 消费者的购买动机具有六种特性：明确的目的性、明确的指向性、自觉主动性、强大的动力性、动机的多样性、动机的组合性。购买动机的强度是指消费者在购买某一产品、满足特定需要上的意愿程度，它常用动机的唤起来表示。当消费者同时出现两种及两种以上的动机而只能实现其中的一种时，就要面对动机的冲突问题。企业必须发现某产品和品牌所能满足的动机和需求，并围绕这些动机去制定营销组合。

关键概念

需要　动机　购买动机的强度　双趋冲突　双避冲突　趋避冲突　显性动机　隐性动机

思考与训练

一、复习思考题

1. 什么是需要？消费者需要有哪些类型？
2. 什么是动机？动机与需要有何联系？
3. 需要层次理论和双因素理论对于市场营销分别有什么启示？
4. 购买动机的特点是什么？
5. 消费者购买动机的唤起有哪些类型？
6. 消费动机冲突有哪几种？

二、实训题

1. 假设你要推销某种品牌的高档化妆品。要求：

（1）你怎样根据马斯洛的理论来说明这种产品可以满足消费者各个层次的需要？

（2）如何激发推销对象的购买动机并使之变成行动？

（3）写一份模拟推销方案并论证它的可行性。

2. 手机这一产品满足了你的哪些需要？你认为手机厂家应该如何制定广告策略才能让你觉得它的产品比其他厂家的手机能够更好地满足你的需要？

三、案例分析题

阅读下面的案例，并完成讨论。

20 世纪 70 年代末，可口可乐公司为了扭转产品占有率不断下滑的局面，决定推出新口味可乐。可口可乐公司经调查发现，一半的人认为以后会适应新口味的可口可乐，这表明顾客们愿意尝试新口味的可口可乐。可口可乐公司还组织了品尝测试，在不告知品尝者饮料品牌的情况下，请他们说出哪一种饮料更令人满意。测试结果令可口可乐公司兴奋不已，顾客对新口味的可口可乐的满意度超过了百事可乐。可口可乐公司的市场调查人员认为，这种新配方的可口可乐至少可以将公司在饮料市场所占的份额向上推动一个百分点，这意味着多增加 2 亿美元的销售额。于是可口可乐公司决定于 1982 年以“新可乐”取代传统可乐。消息闪电般传遍美国，在 24 小时之内，81％的美国人都知道了可口可乐改变配方的消息，这个比例比阿波罗登月时的 24 小时内公众获悉比例还要高。“新可乐”上市初期，市场反应非常好。1.5 亿人在“新可乐”问世的当天品尝了它，历史上没有任何一种新产品会在面世当天拥有这么多买主。

然而好景不长，风云突变。有的顾客称老可口可乐是美国的象征，是美国人的老朋友，可如今却突然被抛弃了。还有的顾客威胁说将改喝茶水，永不再买可口可乐公司的产品。在西雅图，一群忠诚于老可口可乐的消费者组成了“美国老可乐饮者”组织，准备在全国范围内发起抵制“新可乐”的运动。许多人开始寻找已停产的老可口可乐，老可口可乐的价格一涨再涨。到 1982 年 6 月中旬，“新可乐”的销售量远低于可口可乐公司的预期值，不少销售商强烈要求改回销售老可口可乐。

在经历美国人民的强烈抵制后，7 月 11 日，可口可乐公司决定恢复传统配方可口可乐的生产，可口可乐公司的高层管理者还站在可口可乐标志下向公众道歉。消息传来，美国上下一片沸腾。所有传媒都以头条新闻报道了“老可乐”归来的喜讯。华尔街市场也为可口可乐公司的决定欢欣鼓舞，“老可乐”的回归使可口可乐公司的股价攀升到 12 年来的最高点。

讨论：

1. 什么原因使可口可乐公司在推出“新可乐”时出现了巨大的决策失误？
2. 可口可乐公司应该如何满足不同类型的消费者的需要？

即测即评

测评试题

第五章

消费者的个性、自我概念和生活方式

——解构影响消费者行为的个体特征

通过本章的学习，读者应了解和掌握：

- 个性的含义与组成部分；
- 与消费者行为有关的几个个性概念；
- 自我概念的含义及测量；
- 消费者的自我概念与产品定位；
- 生活方式的含义及消费者生活方式的测量；
- VALS 2 分类系统。

导入案例

电商平台越来越看重消费者个性主导的消费潮流。淘宝每年都会结合当期“热词”，举办春季、秋季上新活动。从表面上看，淘宝时尚“热词”是淘宝基于大数据给出的一份精准消费指南，用直击消费者内心的语言打造“有温度的时尚”。一方面通过数据化热词指导商家优化供给，另一方面则帮助消费者更快速地做出消费决策并刺激消费欲望。而淘宝“时尚热词”掀起的是一场有关“时尚潮流话语权”的争夺战。

在 2019 年春季的淘宝新势力周上，淘宝推出了 6 大极具淘宝味的热词商品，如大哥廓西、战术服、蹦迪包。淘宝时尚热词的推出意味着，个性化消费正走向数据化时代，以“新势力周”为代表的淘宝正在成为引爆时尚潮流的核心和风向标。淘宝时尚热词模式，在保留感性的同时更偏向通过数据去指导运营，并为消费者带去更贴近生活和够得着的时尚。

资料来源：《淘宝新势力周的时尚野心》，见 https://baijiahao.baidu.com/s?id=1629225492713261410&wfr=spider&for=pc，有改动。

当我们评价或描述某个人时，可能会说：“这个人很友善，善于交际，有上进心，充满智慧。”这就是我们所描述的这个人在其生活环境中表现出来的稳定的行为倾向，即个性，它会影响消费者的行为。自我概念是自己对自己的认识和态度，也是影响消费者行为的一个重要因素。生活方式就是个人如何生活，它由个人的性格和生活环境决定，会影响消费者行为的方方面面。

第一节　消费者的个性

一、个性的含义

个性（Personality）也称人格或个性心理特征，指的是决定个体对外在环境反应的本质的、稳定的心理倾向和心理特征的总和，它导致一个人对其所处的环境相对一致并持续不断的反应。个性是在个体生理的基础上，在一定社会历史条件下，通过参加社会实践活动并受外界环境的作用逐渐形成和发展的。个性的形成既受先天因素如生理和遗传的影响，又与后天因素如社会环境、成长经历有关系。后天因素对个体个性心理特征的形成、发展和转变有决定性意义。

知识链接 5-1

以奥尔波特（Gordon W. Allport）为代表的特质论学者认为，人的个性是由诸多特质构成的，特质是指人拥有的影响行为的品质或特性。作为一种神经心理结构，它使个体以相对一贯的方式对刺激做出反应。特质论并不是把个性分为绝对的类型，而是认为存在一些特质维度，每个人在这些特质上存在不同的表现。例如，慷慨是一种特质，每个人都可在不同程度上具备这种特质。人的个性之所以有差异，是因为不同的人在各种特质上有不同的表现。

资料来源：曹静，等. 消费者行为学. 上海：同济大学出版社，2017：57.

二、个性的组成部分

个性是由个性倾向性和个性心理特征组成的。

（一）个性倾向性

个性倾向性指的是消费者主体在社会实践活动中对现实事物的看法、态度和感情倾向。它反映了人对社会环境的态度和行为的积极特征，是个性发展的潜在动力，对于个体的个性完善和改变有重要影响，并决定着人对现实的态度以及对认识活动对象的选择和倾向。个性倾向性主要包括需要、动机、兴趣、理想、信念和价值观。需要和动机前面已经进行了详细分析，下面着重介绍兴趣、信念、价值观和理想在个性倾向中的影响。

1. 兴趣

兴趣是指个体积极探索事物或从事某种实践活动的心理倾向，表现为对某种事物或从事某种活动的选择性态度和积极的情绪反应。例如，喜爱购物的人会在日常生活中经常性地去商场寻找上市新品，观看电视或杂志、报纸上的商品广告，注意有关打折信息。他们的认识活动优先指向与购物、商场等有关的事物，并表现出积极的情绪反应。个体兴趣不是天生的，是在需要的基础上产生，并在社会实践活动中发展起来的。如果个体经常主动地观察某种事物，我们就可以说他对这一事物产生了兴趣。

人们的消费兴趣对于其所购买的商品是一种极为重要的影响因素。在消费者行为中，消费者的兴趣是促使消费者认识商品、搜集商品信息、购买商品的重要因素。在消费者兴趣的影响和支配下，新奇异样的商品容易吸引消费者的注意，消费者的其他心理活动也容易参与到消费行为中来，使其购买决策和购买过程较快、较容易进行，而且所购买的商品数量可能超过他们的需求水平。

2. 信念

信念是人们对某种事物或观念所抱有的判断、看法和评价，是对于周围事物所持的描述性思想，其中夹杂感性和理性的成分。比如，很多人认为华为产品质量好、海尔售后服务好，这种信念可能来自消费者自身拥有的知识、感受和信念以及消费者周围环境的宣传。

消费者一般都会形成关于某种产品特征的一组信念，并由这一组信念形成关于某一特定品牌的“品牌形象”。消费者在购买和使用产品的过程中形成了信念，而这种信念又反过来影响消费者的购买行为。消费者对某些产品或品牌存在错误的信念，会阻碍他的购买行为；反之，就会促进其购买行为。

❖实例链接 5－1

市场营销脱离不开消费者信念的影响，信念会影响消费者的购买行为——买与不买。巴黎欧莱雅与清扬的洗发露是洗护市场上的两款竞争产品，它们普遍出现在各大商超、百货，为消费者提供洗护体验，而消费者对于这两个品牌的产品却有着不同的信念。消费者认为巴黎欧莱雅的洗发露更加注重“养护、滋养”，可以在头发清洁的同时保护好发质，因此，消费者想要购买一款可以呵护头发的洗发露时，他们更愿意购买巴黎欧莱雅的洗发露，消费者以女性为主。同时，消费者认为，清扬的洗发露可以带给他们较好的清洁体验，在头发清洁后也可以带给他们持久清爽的体验，特别是针对油性头发有着较好的效果，因此当消费者想要购买一款具有卓越清洁效果的洗发露时，他们愿意购买清扬洗发露，消费者以男性为主。

3. 价值观

价值观是指个体对于生活与生活目标的看法或个人的思想体系。价值取向是个人对客观事物的是非、好坏、主次产生的一定评价，这种评价以一定次序排列构成个体的“价值系统”。

在消费过程中，消费者对消费品的需求直接受价值观的左右。有的人重视享受，就会形成求新、求美、赶时髦、追潮流的消费心理和行为；有的人注重经济实惠，由此形成求廉、求实的消费心理和行为；有的人追求地位、名誉，消费心理往往表现为争胜、求名；还有人重视成就，因此有抱负、有野心，自我价值体现的消费心理表现得十分强烈。

4. 理想

理想是指人们在社会实践活动中形成的对未来的一种期望、向往。理想是个体价值观的最高体现，是人们的人生奋斗目标，是一定历史条件和社会关系的反映。

理想大致可以分为四个方面：社会理想，是指人们对未来的社会制度和政治结构的要求和设想，包括对未来社会面貌的预见；道德理想，是指人们所向往的理想的人格，并视其为做人的楷模、标准；生活理想，是指人们对未来的衣、食、住、行、娱乐以及婚姻、家庭的向往；职业理想，是指人们对未来的工作部门、工作种类等的向往。

❖实例链接 5-2

宜家家居（IKEA）为了满足消费者对于居住的生活理想，通过世界各地的设计师为消费者提供不同装修风格的家具、材料。如果你喜欢具有都市时尚和潮流的装修风格，你可以在宜家购买具有理性设计美学的家具；如果你向往温馨浪漫的甜蜜风格，你也可以在宜家找到色感温柔、设计风格较为柔和的家具……“你的家，听你的”，宜家为了满足消费者对家的所有理想，可以根据消费者的诉求提供各种不同的线下、线上设计，通过个人的理想为家装注入灵感。

（二）个性心理特征

个性心理特征是指个体身上经常地、稳定地表现出来的心理特点的组合，反映了人的心理活动与行为差异，主要包括：反映消费者活动方式的气质，决定消费者活动内容和方向的性格，反映消费者活动效率的能力。

1. 气质

气质是个体典型、稳定的心理特征，是指个体心理活动动力上的、个体独有的心理特征。关于气质有各种各样的理论，其中四种气质类型的划分是最有影响理论之一。按照这一理论，气质可分为胆汁质、多血质、黏液质和抑郁质四种，其特征见表 5-1。

表 5-1 不同气质类型的特征

气质类型	情感活动强度	情感发生速度	情感表现	情感平衡度	活动灵活度	情感行为特征	高级神经活动类型
胆汁质	强烈	迅速	明显	不平衡	一般	易怒	兴奋型
多血质	强烈	迅速	明显	平衡	高	不稳定	活泼型
黏液质	强烈	迟缓	不明显	平衡	低	冷酷	安静型
抑郁质	微弱	迟缓	不明显	一般	低	悲观	抑郁型

事实上，在现实生活中很少有消费者纯粹表现出某一类型的气质，大多数消费者是以某种气质为主，同时也具有其他气质类型的某些特征。每个消费者都有自己特定的气质，并在其购买行为中充分表现出来，这就使得消费者的购买行为丰富多彩、各具特色。四种气质类型的消费者的典型消费行为如下所述：

（1）胆汁质。这种类型的消费者的消费行为是冲动型的，在购买商品时，情绪反应热烈，对商品和服务能直率地表达看法和态度，同时喜欢挑毛病、提意见，经常表现为脾气暴躁、行为草率，被某一商品吸引后往往立即采取购买行动。

（2）多血质。这种类型的消费者的消费行为是随机型或想象型的，在购买过程中情绪比较外露，适应环境的能力很强，喜欢与营销人员或其他顾客交换意见，想象力丰富，审美意识强，易受商品外观、商品包装、各种新营销方式的影响。

（3）黏液质。这种类型的消费者的消费行为是理智型或习惯型的，在购买商品时动作平缓、情绪稳定，对商品和服务的好坏不轻易下结论。这类消费者善于控制自己，不易受外界影响，不轻信他人意见，很少受广告和营销人员宣传的影响，有时可能是某一品牌的忠实拥护者。

（4）抑郁质。这种类型的消费者的消费行为是经济型或敏感型的，在购买过程中情绪变化缓慢，观察商品仔细认真，体验深刻，经常能发现商品细微之处，留意到别人不易留意的地方，对商品和服务不轻易评论，决策过程较缓慢，购物缺乏主动性，犹豫不决，风险意识强，一旦有外界干扰就会中断购买行为，也容易出现购后后悔心理，有时对商品价格变动比较敏感，喜欢购买廉价或降价商品。

知识链接 5－2

气质测量问卷

本问卷共60题，可大致确定人的气质类型。如果题目的描述与自己情况“很符合”记2分；“较符合”记1分；“一般”记0分；“较不符合”记－1分；“很不符合”记－2分。

1. 做事力求稳妥，一般不做无把握的事情。
2. 遇到可气的事情就怒不可遏，心里藏不住话。
3. 宁可一个人做事也不愿与很多人一起。
4. 到一个新环境中能很快适应。
5. 厌恶强烈的刺激。
6. 和人争吵时，总是先发制人，喜欢挑衅。
7. 喜欢安静的环境。
8. 善于和人交往。
9. 羡慕那种善于克制自己感情的人。
10. 生活有规律，很少违反作息制度。
11. 在多数情况下情绪很乐观。
12. 碰到陌生人觉得很拘谨。
13. 遇到令人气愤的事情，能很快地自我克制。

14. 做事总是有很旺盛的精力。
15. 举棋不定，优柔寡断。
16. 在人群中很自在。
17. 情绪高昂时，觉得做什么都有趣；情绪低落时，又觉得做什么都没意思。
18. 当注意力集中于某事时，别的事情很难使其分心。
19. 理解问题比别人快。
20. 在危险的情况下有一种极度恐惧感。
21. 对学习、工作怀有很高的热情。
22. 能长时间地做枯燥无味单调的事情。
23. 只有在感兴趣时才会干劲十足。
24. 一点小事就能引起情绪波动。
25. 讨厌做琐碎细致的工作。
26. 与人交往不卑不亢。
27. 喜欢热闹。
28. 喜欢看感情细腻、描述人物内心活动的文艺作品。
29. 工作或学习时间长了，常会感到厌倦。
30. 不喜欢长时间讨论思索，更愿意实际动手尝试。
31. 喜欢侃侃而谈，不愿窃窃私语。
32. 给人闷闷不乐的印象。
33. 理解问题比别人慢。
34. 只需短暂的休息就能恢复精神，重新投入工作学习中。
35. 心里有话不愿说出来。
36. 认准一个目标就希望尽快实现，不达目标誓不罢休。
37. 学习、工作同样一段时间，常比别人更感疲倦。
38. 做事莽撞，不计后果。
39. 在别人讲授知识、技术时，常希望讲得慢一点。
40. 能够很快忘记不愉快的事情。
41. 完成一件事比别人花费更多时间。
42. 喜欢大运动量的体育活动。
43. 不能很快地把注意力从一件事情转移到另一件事情上去。
44. 总希望把问题尽快解决。
45. 倾向于遵守陈规，而不是冒险。
46. 能够同时注意几件事情。
47. 烦恼时别人很难帮得上忙。
48. 爱看情节起伏、激动人心的小说。
49. 对工作认真严谨，始终如一。
50. 和周围人的关系总是不协调。
51. 喜欢做熟悉的工作。

52. 希望做变化大、花样多的工作。
53. 小时候会背的诗歌，现在仍然记得很清楚。
54. 常被认为“出口伤人，不会说话”，可自己不这样认为。
55. 在体育活动中，常因反应慢而落后。
56. 反应敏捷，头脑机智。
57. 喜欢有条有理的工作。
58. 兴奋的事情常使我失眠。
59. 接受新概念慢一些，但一旦理解了就很难忘记。
60. 假如工作枯燥无味，马上就会情绪低落。

计分方法及说明：按题号将每题得分填入表 5-2“得分”栏中，计算每种气质类型的总分数。如果某项得分超过 20 分，则为此类气质典型型；如果得分为 10～20 分，则为普通型；如果各项得分均在 10 分上下，则得分最高的就表示你倾向于该气质。

表 5-2

胆汁质		多血质		黏液质		抑郁质	
题号	得分	题号	得分	题号	得分	题号	得分
2		4		1		3	
6		8		7		5	
9		11		10		12	
14		16		13		15	
17		19		18		20	
21		23		22		24	
27		25		26		28	
31		29		30		32	
36		34		33		35	
38		40		39		37	
42		44		43		41	
48		46		45		47	
50		52		49		51	
54		56		55		53	
58		60		57		59	
总分		总分		总分		总分	

资料来源：杨蓉. 人力资源管理. 大连：东北财经大学出版社，2002：104.

实例链接 5-3 清楚表明了四种气质类型的不同特点和反应方式。

❖实例链接 5－3

有甲、乙、丙、丁四个人相约去看电影，但他们迟到了，检票员不让他们进去。这时甲立即开始寻找其他能够进去的路径："前门不让我进，有没有后门、偏门可以进入呀？"乙的反应是大吵大闹："我有票，你凭什么不让我进去啊？"丙则是好脾气，凡事往好处想："你现在不让我进，待会儿幕间休息时总得放人吧，我等着！"丁的想法是："唉，好不容易下定决心出来一趟看场电影，结果还不让进去，我怎么这么倒霉啊，回家算了，以后再也不来了！"

这四个人的反应截然不同，分别代表四种典型的气质表现：甲为多血质，活泼机敏，反应快，但是粗枝大叶，容易冲动、犯错误；乙为胆汁质，精力充沛，但是脾气暴躁，容易发火；丙为黏液质，安静稳重、慢条斯理，弱点是反应相对慢；丁为抑郁质，敏感多思，感觉敏锐，通常能觉察到别人觉察不到的信息。

资料来源：杨蓉．人力资源管理．大连：东北财经大学出版社，2002：127.

2. 性格

性格是个体对现实的稳定态度和在习惯化的行为方式中所表现出来的个性特征。个体对现实的稳定态度决定着他的行为方式，而习惯性的行为方式又体现了他对现实的态度。性格是消费者最重要、最显著的个性心理，是各种心理特征的核心和个体本质属性在心理及行为中的表现，决定了消费者的活动内容和方向。因而，个体的兴趣、习惯、能力与气质如何表现常主要由性格决定。

根据心理活动过程的特点，消费者的性格可分为理智型、情绪型和意志型。理智型消费者往往经过周密思考，反复权衡各种利弊因素后才做出购买决定，他们对商家开展的各种促销活动有自己的理智分析，即使是对十分热销的商品也不盲目购买；情绪型消费者与冲动型的消费者类似，容易受外界诱因的影响，容易进行冲动性购买，购买商品一般是在喜欢、赞美等各种感情支配下进行的，他们对商品及购买现场的气氛大多感觉良好，愿意体验购买商品的正面情绪；意志型消费者购买目的明确，识别商品积极主动，购买决策迅速果断，不易受广告和他人的影响，能够克服各种干扰因素完成购买行为。

3. 能力

能力是个体成功完成某种活动所必须具备的个性心理特征，是个性心理特征的综合表现，也是个体顺利完成某种行为的主观条件。人们必须具备完成各种活动的能力，才能顺利地达到预期的目的。能力的高低直接影响个体从事某种活动的快慢、难易程度。

根据购买目标的明确程度，可以将消费者划分为确定型、半确定型和盲目型三种不同的能力水平。确定型消费者事先了解并掌握了市场信息和商品知识，确定了明确的购买目标，因此他们一进入商场就直奔要购买的商品的展台，主动提出所要购买商品的规格和式样。半确定型消费者在进入商场前已有大致的购买目标，但购买目标不是很明确和具体。所以，他们进入商场后，还要经过仔细的比较挑选，在销售员和内行的指点下才能确定所要购买的具体商品。盲目型又称不确定型，这类消费者没有明确的购买目标，当他们进入商场后，往往是漫无目的地走马观花，其购买动机是随机的，易受外界购买环境的影响。

三、与消费者行为有关的几个个性概念

（一）品牌个性

品牌个性是品牌形象的一部分，它是指产品或品牌特性的传播以及在此基础上消费者对这些特性的感知，即消费者对品牌是新潮还是老气、是沉闷还是富有活力、是激进还是保守等方面的评价和感受。品牌的个性无疑具有一定的主观性。然而，它一旦形成就会与其他刺激共同作用于信息处理过程，使消费者得出这一品牌适合于自己或不适合于自己的判断。品牌个性不仅使此品牌与其他品牌相区别，而且还具有激发情绪和情感、为消费者提供无形利益之功效。

※实例链接 5－4

星巴克作为世界知名的咖啡品牌，有着独特的品牌个性并为其吸引了众多消费者，特别是获得了年轻消费者的青睐。它所推崇的新奢侈精神：悠闲、浪漫、家与工作场所之外的第三生活空间等，充满自然与艺术气质，崇尚人文，带有“小资”情调，充分迎合了消费群体追求极富个性的高品质生活的精神需求。当然，星巴克也在通过向消费者提供新的体验感受而被赋予更多的标签，如绿色环保、独立自主、无拘无束等，实际上就是根据当下的潮流适时改变自身的品牌个性。

资料来源：《试谈基于星巴克品牌个性对其微博营销特征的影响》，见 http://www.docin.com/p-2038635881.html，有改动。

（二）创新性

消费者采用新产品是有先有后的，有些人是新产品的率先采用者（或叫创新采用者），而另外一些人则是落后采用者。

创新性反映的实际上是消费者对新事物的接受倾向与态度。有些人对新生事物采取排斥和怀疑的态度，另外一些人则采取开放和乐于接受的态度。

（三）社会性

这是指从社会学的角度来研究个性特征及行为的反应。它包括从内在指向性到他人指向性的整个维度。内在指向性的消费者在评价新产品时，往往依靠他们自己的“内在”价值或标准，因而更可能成为新产品的购买者。他人指向性的消费者对正确和错误的判断往往依靠外界的参照物——他人的指导，因此，不能成为新产品的率先消费者。产品的新异程度越大，越可能被内在指向性的消费者所购买，而他人指向性的消费者则可能越排斥。内在指向性的消费者偏好一些强调产品特征和产品对个人的益处的广告，这使得他们能运用自己的价值和标准去评价商品；而他人指向性的消费者似乎更喜欢一些表明环境或社会接受性的广告，因为这可以作为他们判断的依据。

❈实例链接 5-5

美国一家广告代理商在一份个性与女性化妆品选择的研究报告中列举了女性购买化妆品的几种主要的、典型的个性特征：

（1）自恋：过分重视个人外表。

（2）善于社交：强调恰当修饰外表的社会重要性。

（3）表现主义：乐于自我表现以引起他人的注意。

（4）冲动：缺乏考虑，以感情变化左右自己的行为。

（5）条理性：整洁，干净，生活有规律。

（6）独立人格：更好地展示自己与众不同。

（7）优越感：要表现出比别人优先使用某种商品。

（8）主动：为个人努力进取，希望事业成功。

（9）遵从：模仿名人或崇拜者。

（10）地位能力：提高自己的社会地位，增强权威性。

第二节　消费者的自我概念

一、自我概念的含义

自我概念是个体对自身一切的知觉、了解和感受的总和，是个人自我知觉的组织系统和看待自身的方式。

自我概念可分为四个部分，即实际的、理想的、私人的和社会的。这四个层面的内容见表 5-3。

表 5-3　自我概念的不同层面

自我概念层面	实际的	理想的
私人的	我实际上如何看自己	我希望如何看自己
社会的	别人实际上如何看我	我希望别人如何看我

资料来源：张卫星．消费者行为学．北京：北京工业大学出版社，2004：159.

另外，将自我划分为独立型自我与依存型自我对于理解不同文化背景下的消费者行为也非常有帮助。传统上西方文化观念更讲究独立型自我的构建。独立型自我是强调个人的目标、特性、成就和愿意。具有独立自我概念的个体倾向于利己主义、与他人的差异性以及自我管理。而亚洲文化观念则更讲究依存型自我的构建。依存型自我强调家庭、团体、职业和社会联系，认为人们之间应当相互联系与依存。具有依存型自我概念的个体更倾向于利他主义、服从、注重整体与协同。

二、消费者自我概念的测量

测量自我概念的常用方法是语意差别法。美国学者马赫塔（Malhotra）发展了一种既可测量自我概念又可测量产品形象的语意差别量表（见表5-4）。该量表由15组两极形容词构成，每组形容词均被用来描述被评价对象。被访者可在量表上表明看法，反映两极形容词中的某一极在多大程度上刻画了被评价的个人、产品或品牌。例如，形容词的一极是"令人愉快的"，与之对应的另一极是"令人不快的"，被访者越是在靠近"令人愉快的"这端做记号，表明被评价对象越令人愉悦，反之，则令人不悦；如果被访者在量表的中间位置做记号，则表明被评价对象既不会令人愉悦，也不会令人不快。在营销实践中，企业应设法使产品代言人的形象、产品或品牌形象与目标受众的自我概念相匹配。为此，可以运用上述量表或在此基础上改进的量表来对消费者进行调查研究。

表5-4　测量自我概念和产品形象的马赫塔量表

1. 精细的	___	___	___	___	___	___	___	粗糙的
2. 沉稳的	___	___	___	___	___	___	___	激动的
3. 舒服的	___	___	___	___	___	___	___	不舒服的
4. 顺从的	___	___	___	___	___	___	___	主宰的
5. 奢侈的	___	___	___	___	___	___	___	节约的
6. 令人不快的	___	___	___	___	___	___	___	令人愉快的
7. 非当代的	___	___	___	___	___	___	___	当代的
8. 无序的	___	___	___	___	___	___	___	有序的
9. 情绪化的	___	___	___	___	___	___	___	理性的
10. 成熟的	___	___	___	___	___	___	___	年轻的
11. 非正式的	___	___	___	___	___	___	___	正式的
12. 自由的	___	___	___	___	___	___	___	正统的
13. 简单的	___	___	___	___	___	___	___	复杂的
14. 绚丽的	___	___	___	___	___	___	___	黯淡的
15. 自负的	___	___	___	___	___	___	___	谦虚的

资料来源：张卫星．消费者行为学．北京：北京工业大学出版社，2004：159.

三、消费者的自我概念与购买行为

在现实生活中，消费者购买产品不仅是为了获得产品所提供的功能和效用，而且也是为了获得产品所代表的象征价值。购买奔驰、玛莎拉蒂、劳斯莱斯，对购买者而言，显然不是购买一种单纯的交通工具。某些产品对拥有者而言具有特别丰富的含义，这些产品能够向别人传递关于自我的很重要的信息。从某种意义上说，消费者是通过自己所购买的商品来界定自己的身份的。

大量事实表明，消费者倾向于购买那些与他们的自我概念相一致的品牌，而他们被这类品牌所吸引的程度将随产品的象征意义而变化。另外，自我概念和产品形象的相互作用和影响还随具体情境而变化，某种具体情境可能提高或降低某个产品或品牌与消费者的自我概念的匹配程度。

知识链接 5-3

美国心理学家贝克尔在研究自我的发展中提出了延伸的自我概念，认为延伸的自我由自我和拥有物两部分构成。换句话说，延伸的自我是指被消费者视为自我的构成部分或延伸部分的拥有物。这些拥有物不仅是消费者自我概念的外在显示，也构成了消费者自我概念的有机组成部分。延伸的自我强调某个体因为拥有某物才构成了某个个体，如果丧失了这些拥有物，这个个体将不是原来的个体，而会成为另外的个体。消费者延伸的自我是自我与产品结合最紧密的一种形式。这些拥有物一般是对消费者有重要意义的、倾注了个人的感情或持有很长时间的物品。它可以是大件物品，也可以是小件物品。

资料来源：卢泰宏，等．消费者行为学：中国消费者行为透视．北京：中国人民大学出版社，2015：93.

第三节　消费者的生活方式

一、生活方式的含义

生活方式就是人生活的方式。具体地说，它是个体在成长过程中，在与社会诸因素交互作用下表现出来的活动、兴趣和态度模式。这种模式反映了个体的态度、兴趣和世界观。

生活方式由我们过去的经历、固有的个性特征、现有的情境所决定。生活方式影响消费行为的所有方面。个体的生活方式是其内在个性特征的一种函数，这些个性特征在一个人的社会生活过程中通过社会交往逐渐形成。我们追求的生活方式影响我们的需求和欲望，同时影响我们的购买和使用行为。生活方式决定了我们的消费决策，反过来这些决策强化或改变我们的生活方式。

二、消费者生活方式的 AIO 测试法

消费者生活方式的 AIO（Activities，Interests & Opinions）测试法，即活动、兴趣、

意见测试法，指的是通过调查消费者的活动、兴趣和意见来描述其生活方式。研究人员设计 AIO 问卷表，第一部分是有关活动方面的问题，如消费者从事哪些活动，购买哪些产品，如何支配时间，等等；第二部分是有关兴趣方面的问题，如消费者的偏好；第三部分是意见方面的问题，如对人生、道德和经济方面的看法和感受。表 5-5 列出了测量消费者活动、兴趣和意见因素的主要指标以及人口统计项目。

表 5-5　消费者活动、兴趣、意见和人口统计测试项目表

活动	兴趣	意见	人口统计测试项目
工作	家庭	自我表现	年龄
爱好	住所	社会舆论	性别
社会活动	工作	政治	收入
度假	交际	业务	职业
文娱活动	娱乐	经济	家庭规模
俱乐部会员	时髦	教育	寓所地理区域
社交	食品	产品	受教育状况
采购	媒介	未来	城市规模
运动	成就	文化	生命周期

资料来源：张卫星. 消费者行为学. 北京：北京工业大学出版社，2004：153.

这样，通过了解人们怎样支配时间、对什么感兴趣、什么对他们重要、他们如何看待自己及周围的世界等方面的问题，用统计数据“浓缩”出生活方式来。

三、VALS 2 分类系统

斯坦福研究所（SRI）于 1978 年所做的价值观与生活方式项目，提出了 VALS（Value and Lifestyle，价值观和生活方式）分类系统。以此为基础，SRI 在 1989 年开发了 VALS 2 分类系统。VALS 2 分类系统是从两个层面对生活方式进行分类的：第一个层面是消费者资源。消费者资源不仅包括物质或财务资源，而且也包括心理和体力方面的资源。第二个层面是自我取向。自我取向被分为三种类型：

一是原则取向。持有原则取向的人主要依靠信念和原则行事，而不是依靠情感或获得认可的愿望做出选择。

二是地位或身份取向。持有这种取向的人很大程度上受他人的言行、态度的影响。

三是行动取向。持有这一取向的人热心社会活动，积极参加体能性活动，喜欢冒险、寻求多样化。

以资源和自我取向这两个概念为基础，VALS 2 分类系统将消费者划分为八个群体，对应于八个细分市场，见图 5-1。下面对这八个细分市场做简要描述。

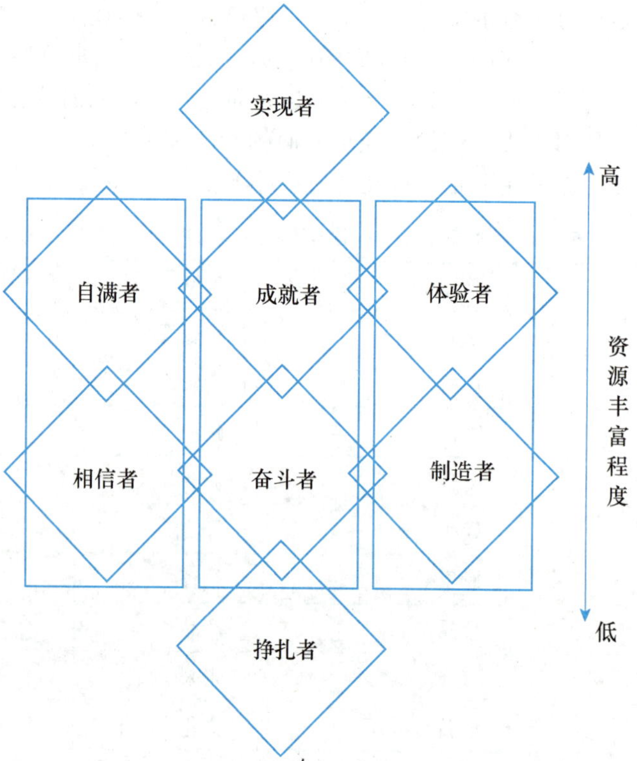

图 5－1　VALS 2 分类系统下的细分市场

1. 实现者

位于 VALS 2 分类系统的最顶端，通常是指成功、主动、具有高度自尊与丰富资源的复杂消费者。他们对自己的形象相当重视，对于社会问题相当关切，对于新事物与变革（例如新产品、新技术或新渠道）的接受度很高，对广告往往保持着高度怀疑的态度，较少看电视，但较常看杂志。

2. 自满者

通常是成熟、对现状满意、对生活感到舒坦的消费者。这类型的消费者一般重实际，重视产品的功能性、价值与耐久性，喜欢看教育与公共事务方面的电视节目，进行经常性的阅读，对于名望和形象不是太感兴趣。

3. 相信者

通常较保守，注重传统，其信念来自家庭、社区、国家。他们偏爱自己国家的品牌以及一些已经证实不错的品牌，会去寻找特卖品，比一般人接触电视更多，倾向于阅读一般性杂志，不容易改变习惯。

4. 成就者

通常是事业导向的人，他们喜欢对自己的生活具有掌控力，喜欢可预测性胜于冒险与自我发现，社交生活往往环绕着家庭与事业进行。他们相当喜欢对其同辈群体具有成功象征意义的高价产品，也是许多产品所设定的主要目标顾客。通常倾向于阅读与自身成功或事业相关的杂志，在看电视时间上则维持在平均水准。

5. 奋斗者

通常较关心其他人是否赞同，追求自我认同、安全以及成功的形象。虽然他们努力和其他的奋斗者竞争，但是往往缺乏足够的资源来达到目标。一般而言，他们对于形象相当关切，但是可支用的收入有限，大多花用在服饰和个人商品上。在媒体习惯上，他们喜欢看电视甚于阅读。

6. 体验者

多为年轻、热忱以及冲动的消费者。他们追求冒险、多样性以及刺激，喜欢新鲜、奇异与具有某种风险的产品和活动。由于年纪尚轻，因此尚未形成稳定的生命价值观、行为倾向与政治归属。通常将较多的可支配收入花在社交上，经常会出现冲动性购买，喜欢听摇滚音乐，并很注意广告。

7. 制造者

专注于自给自足，生活在家庭与工作中，对外在的事物较少注意。他们希望能够拥有一些具有功能性价值的产品，例如新的工具。乐意购买舒适、耐用和有价值的商品，一般只购买基本必需品。偏好阅读休闲性的杂志，喜欢听收音机。

8. 挣扎者

一般是贫穷且教育程度低的消费者，通常缺乏社会上的人脉联结。对于现状问题较为关心，例如如何获取食物以及取得医疗上的照顾。他们往往是追求安全感的谨慎消费者，也是品牌忠诚度较高者，相当注意特卖消息，对广告较信任，经常看电视。

本章小结

1. 个性是决定个体对外在环境反应的本质的、稳定的心理倾向和心理特征的总和，它由个性倾向性和个性心理特征组成。其中，个性倾向性主要包括需要、动机、兴趣、理想、信念和价值观；个性心理特征主要包括气质、性格和能力。与消费者行为有关的个性概念主要有品牌个性、创新性和社会性。

2. 自我概念是个体对自身一切的知觉、了解和感受的总和，可以用语意差别法来测量。自我概念会影响消费者的购买行为。

3. 生活方式是个体在成长过程中，在与社会诸因素交互作用下表现出来的活动、兴趣和态度模式，可以用 AIO 法测试。以资源和自我取向这两个概念为基础，VALS 2 分类系统将消费者划分为八个群体。

关键概念

个性　个性倾向性　个性心理特征　品牌个性　自我概念　生活方式　AIO 测试法　VALS 2 分类系统

思考与训练

一、复习思考题

1. 什么是个性？个性包括哪些组成部分？

2. 与消费者行为有关的个性概念有哪些？

3. 什么是自我概念？如何测量自我概念？

4. 如何用 AIO 测试法“浓缩”消费者的生活方式？

5. VALS 2 分类系统所划分出来的八个消费者群体分别是什么？

二、实训题

1. 运用气质学说的有关理论知识来分析评价下列几位小说人物的气质类型和表现：孙悟空、林黛玉、张飞、宋江、哈利·波特。

2. 你在商场买了一件衣服后发现有毛病，你可能会：

A. 立即到商场退货，并决定要好好教训销售人员；

B. 认为是个小问题，持无所谓态度；

C. 埋怨自己不仔细，只好吃亏认倒霉；

D. 在近期寻找机会处理一下。

试根据选择结果，对你的个性进行分析。

3. 试用某个人或某种动物来描述以下品牌的个性：

（1）海尔；（2）百事可乐；（3）耐克；（4）小米。

三、案例分析题

阅读下面的案例，并完成讨论。

凯迪拉克，这一通用汽车麾下的旗舰品牌，诞生于 1902 年，一百多年来一直被尊为豪华车之翘楚。它以独树一帜的大胆创新、开拓先锋精神著称，在设计上无数次开潮流之先河，在技术上更创造了许多史上第一。在第三版韦伯斯特大词典上，“凯迪拉克”已被认为是“同类中最为出色、最具声望的事物”的同义词。

2004 年，凯迪拉克落户上海通用汽车，意图整合国际、国内最具优势的资源，在更高起点上开创中国豪华车市场的新格局，将凯迪拉克打造成中国人心目中出类拔萃的豪华车品牌。

与通用的另外两个品牌即别克、雪佛兰不同，凯迪拉克向国内引入车型，从未嫁接任何血统，作为通用汽车最高端的品牌，凯迪拉克始终保持着纯正。

然而，令上海通用意想不到的是，凯迪拉克在中国市场上遭遇了叫好不叫座的情况。自上市自以来，销量一直平平，不要说与奥迪相抗衡，就连其后通过国产方式进入中国市场的宝马、奔驰都后来居上，占据了有利的市场位置。

“凯迪拉克太张扬了，我还是会选择低调的奥迪。”很多凯迪拉克的目标受众都这样感叹。大多数中国消费者并不想过于招摇，而中庸和低调的奥迪正好符合他们的心理需求。外形远比宝马和奔驰夺人眼球的凯迪拉克，对于大多数中国消费者来说的确有些过于“显摆”了。凯迪拉克与众不同的先锋形象，对于一些目标消费者，反而造成了他们的迟疑，这是上海通用始料未及的事。

目前，在国内市场上，豪华车领域仍旧是德国三强的天下。多年来的车市井喷似乎与凯迪拉克无关。凯迪拉克品牌需要摆脱游离在主流豪华阵营以外的情况。

讨论：

1. 凯迪拉克在中国市场为什么叫好不叫座？

2. 要改变这种局面，你对上海通用汽车公司有什么建议？

即测即评

测评试题

第六章

消费者群体的心理与行为

——解构影响消费者行为的群体特征

通过本章的学习，读者应了解和掌握：

- 消费者群体的含义；
- 青年、中年、老年消费者的心理；
- 男性、女性消费者群体的心理特征；
- 模仿与从众行为的特点；
- 消费习俗的定义、特点及对消费心理的影响；
- 消费流行的概念、产生及对消费心理的影响。

导入案例

屈臣氏是全球第三大保健品及美容产品零售商，不仅销售众多世界知名品牌的个人护理用品，还自己开发了700余种自有品牌产品。屈臣氏通过市场研究发现，亚洲女性会用更多的时间进行逛街购物，她们愿意投入大量时间去寻找更便宜或是更好的产品，这与西方国家的消费习惯明显不同。中国女性平均在每个店里逗留的时间是20分钟，而在欧洲只有5分钟左右。

这种差异，让屈臣氏最终将中国的主要目标市场锁定在18～40岁的女性，特别是18～35岁的时尚女性。这个年龄段的女性消费者是最富有挑战精神的，她们喜欢用最好的产品，寻求新奇体验，追求时尚，愿意在朋友面前展示自我；她们更愿意用金钱为自己带来大的变革，愿意进行各种新的尝试；她们也是收入增长最快的一个群体。而之所以更关注40岁以下的消费者，是因为年龄更长一些的女性大多早已有了自己的固定品牌了。

屈臣氏以低价作为吸引点，针对目标顾客的心理定位是“健康、美态、快乐”，通过为消费者提供别出心裁的产品、舒适的购买环境和专业的资讯等服务来传达积极美好的生活理念，旨在协助热爱生活、注重品质的女性塑造自己内在美与外在美的统一。通过良好的心理定位，摆脱低价促销可能带来的负面影响。

资料来源：胡春．市场营销案例评析．北京：清华大学出版社、北京交通大学出版社，2008：267．

研究消费者群体的心理和行为，是为了最大限度地遵从经营管理的经济原则。消费者以群体的形式出现，市场营销才可能规模化，经营效益才可能最大化，仅满足单个消费者的需求，不足以形成规模化经营。

第一节　消费者群体

一、消费者群体的含义

消费者群体的概念是从社会群体的概念中引申而来的。社会群体指的是人们在相互交往的基础之上所形成的团体或组织。处于这个团体或组织中的成员具有共同的特征，或者具有共同的目的，或者从事共同的活动，或者具有共同的需要，每一个人在这个群体当中充当一定的角色，群体内部一般具有一些成文或不成文的规范来约束群体内的成员。具有共同消费特征的消费者所构成的群体即消费者群体。消费者群体是特定的社会群体，具有消费方面的共同特征与规律性。

按照市场营销的目的进行市场细分，可能形成几十个甚至几百个消费群体。这里仅以消费者的年龄和性别作为市场细分的标准，简要归纳消费群体的心理特征，为经营管理者提供最基本的参考思路。

二、不同年龄段消费者群体的心理

按照年龄指标，消费者可以分为婴幼儿消费者群体（0～3 岁）、少年儿童消费者群体（4～18 岁）、青年消费者群体（19～35 岁）、中年消费者群体（36～55 岁）、老年消费者群体（56 岁以上）五类。

在上述五类消费者群体中，婴幼儿消费者群体非常特殊，他们是最终的消费者，但绝对不是消费决策者或购买者，决策者或购买者是他们的父母、亲人或其父母的朋友、同事等，所以这里只分析其余四类消费者群体。

（一）少年儿童消费者群体的心理

一般来讲，少年儿童时期是人一生中成长发育的时期，同时也是智力开发的重要时期。在这一时期，少年儿童呈现出特定的消费心理特征。

（1）消费的依赖心理。由于少年儿童的购买能力还没有完全成熟，在购买商品时往往缺少自己的主见，因此，他们表现出很大的依赖性，而且年龄越小，其依赖性越大。例如，在购买学习用品时，非常相信老师的话；在购买生活用品时，总是由父母来明确购买目标，如购买什么商品、何种款式、多少价格以及到何处去购买等。

（2）消费的天真好奇心理。少年儿童天真、幼稚，对事物有童话般的幻想，因此在购物时也就表现出一种天真好奇的消费心理。他们的需求标准往往是成年人所难以理解的。例如，一些制作精美的高级糖果引不起儿童的食欲和兴趣，而一些制作简单的糖果因包装内附带有各种不同的塑料玩具，却备受儿童的青睐。

（3）消费的直观心理。少年儿童对外界事物的认识注重直观表象的形式，缺乏逻辑思维。这表现为少年儿童多从商品的直观印象上进行比较和选择，往往不太注意甚至根本不去注意挑选商品的品牌和生产厂家，也不比较商品的质量和性能等。例如，孩子们对一些动物形状包装的塑料罐饮料感兴趣，却不注意这些食品是否符合卫生合格标准、有无注册商标。在购买商品时，他们往往以“好看”“我要”“喜欢”等情绪因素为主，凭直观、直感、直觉来决定消费。

（4）消费的可塑心理。少年儿童处于认识事物的学习阶段，易于接受新生事物，在消费心理上，通常表现为少年儿童最容易被那些动人的推销宣传所说服和左右。例如，电视台曾经播放动画片《宇宙英雄奥特曼》，并在放映过程中插播塑料恐龙和机器人玩具的广告，一时间这些塑料恐龙和机器人玩具让孩子们爱不释手。这种现象说明了少年儿童对新鲜事物特别敏感，观察力强，喜欢模仿，容易从众。

※实例链接 6-1

为了了解孩子对零售消费的情况，一家调查公司针对北京、上海、广州、成都和西安 5 大城市的消费者进行了调查，他们采用街头拦截访问的方式，调查对象为 0～12 岁儿童的家长和 7～12 岁的儿童。调查结果发现，女孩偏爱果冻和水果，男孩偏爱饮料和膨化食品。9 岁以下儿童最爱吃饼干和饮料，10 岁以上儿童偏爱巧克力和膨化食品。零售消费中果冻比例最高，六成以上的儿童表示平时爱吃果冻。

资料来源：梅建军．市场营销．北京：化学工业出版社，2011：83.

（二）青年消费者群体的心理

在青年时期的初期，年轻人的思维能力有了很大发展，能够独立思考问题，在购买商品时基本具备了选择能力，其消费心理也日趋复杂。到了后期阶段，青年人的思维能力逐渐成熟，又具备了相当的文化知识和生活经验，社会活动面、接触面较为广阔，信息量增加，经济能力有所具备或已经具备，所以消费心理也愈加丰富。青年消费者的消费心理主要有以下特征：

（1）富于新时代气息的消费心理。青年人充满朝气与活力，热爱生活，富有理想，憧憬新生活，热衷追赶时代潮流，还有冒险精神和创造力。在消费活动中，青年人对商品的结构、性能等也要求能够符合现代科学技术和现代生活方式的要求，而对服务方面的消费，则表现出追求享受、新潮、刺激和独特的特点。

❖实例链接 6-2

网络预约服务的出现极大便利了人们的生活，大学生也成为网络预约服务的重要客户群。2018 年“中国大学生追踪调查（PSCUS）”的结果显示，72.1%的大学生使用过网络约车服务，24.5%的大学生在网络平台上预订过民宿，13.5%的大学生在网络平台预约过美容美发、洗衣、搬运等生活服务。此外，60.3%的大学生在网络平台获得过免费知识服务，21.6%的大学生使用网络平台获得过付费知识服务。

（2）追求个性、表现自我的消费心理。青年人处于少年向中年的过渡时期，少年期的未成熟心理与中年期的成熟心理共存。随着生理发育的成熟和社交面的扩大，青年人希望形成完美的个性形象，追求标新立异，强调个性色彩，而不愿落入“大众化”，“与众不同”的消费心理较之“追求流行”更为强烈。

❖实例链接 6-3

ZARA 作为国际上最知名的服装公司之一，其服装的个性化和快速更替可以随时满足追求个性的消费者的需求，最短仅需 2 周就可以更换当前的服装种类，让消费者购买的衣服尽可能摆脱“大众化”。ZARA 的设计师们与顾客建立了一种高度亲密的关系，他们会对顾客不断变化的需求和最新的趋势做出反应，在正确的地点和正确的时间传递新的想法。

资料来源：根据 ZARA 官网等资料整理。

（3）感情用事、凭直觉的消费心理。青年人的自主独立性逐渐强烈，依附和从众心理不断降低。在这种心理的影响下，青年人在购买商品的过程中，情感和直觉因素起着相当重要的作用，容易感情用事。同时，青年人在消费中的情感“两极性”心理也非常明显，肯定与否定都比较明确，强度也比较大。某种商品只要符合个人需要和兴趣，引起肯定的情感，便会形成对商品的偏爱和追求之心；反之，就会产生一种否定和抵触的情感，对商品厌恶、拒绝。

（4）超前的消费心理。青年人的消费观念新颖，时代感强，但如果刻意追求，图享受、爱虚荣，消费水平与收入水平脱节，便形成了消极的消费心理。这种消费早熟和超前消费的意识在大学生中较为突出。

（三）中年消费者群体的心理

中年顾客一般是指 36～55 岁这一年龄阶段的消费者。在我国，中年顾客具有人数多、负担重、大多处于购买商品的决策者位置的特点。他们的消费心理具有如下特征：

（1）理智性强，冲动性小。中年顾客阅历广，生活经验丰富，情绪一般比较平稳，多以理智支配自己的行动，感情用事的情况不多见，注重商品的实际效用、价格和外观的统一，从购买欲望形成到实施购买往往是经过多次分析、比较后才做出判断，随意性较小。

（2）计划性强，盲目性小。中年顾客处于由青年时期向老年时期过渡的阶段，大都是家庭经济的主要承担者。尽管他们的收入不低，但肩负着赡老育幼的重任，因此生活中经济负担重，经济条件的限制使他们养成了勤俭持家、精打细算的消费习惯，以量入为出作为消费原则，消费支出计划性强，计划外开支和即兴购买很少。

（3）注重传统，创新性小。中年顾客正处于“不惑”和“知天命”的成熟阶段，在消费方面，不再完全按照自己的兴趣爱好选择商品或消费方式，而是更多地考虑他人的看法，以维护自己的形象，与众人保持一致。比如选购服装时，他们宁可压抑个人爱好而随俗，也不愿意让别人觉得自己不稳重。

❖实例链接 6-4

网上购物实惠、快捷、选择性大等特点是吸引消费者的主要原因，如今网购不再是年轻人的专利，不少中年人也开始追赶时尚，成为网购一族。

与年轻人网购的商品种类差不多，中年人网购时也是以服装、食品为主，再就是与家庭生活相关的日常生活用品等。但是，与年轻人网购轻易下单不同，中年人在网购时更讲究实用，多是看准了才出手，一般不用退换货。中年人网购沟通方式也和年轻人不同，年轻人会和客服讨价还价、交流商品信息，中年人则多采取自助下单，与客服交流较少。

资料来源：李晓岩．中年人网购看准了才出手 百件货物中年人占三成．威海晚报，2014-09-17.

（四）老年消费者群体的心理

老年顾客一般是指 56 岁以上的消费者。老年人是一个特殊的消费群体，老年顾客在生理上和心理上同青年顾客、中年顾客相比都发生了明显的变化。老年消费者群体的心理特征主要包括以下几个方面：

（1）怀旧心理强烈，品牌忠诚度高。老年顾客在几十年的消费实践中，形成了比较稳定的态度倾向和习惯化的行为方式，且不易改变，对商标品牌的偏好一旦形成就很难轻易改变。另外，老年顾客总是留恋过去的生活方式，情感很难转移，不会因外界刺激而轻易改变，在购买时抱有一定的怀旧心理。

（2）注重实际，要求得到良好的服务。老年顾客心理稳定程度高，注重实际，较少幻想，重视情感，购买动机形成与否常取决于这些商品给他们带来的方便与舒适程度。他们特别关心商品的质量、使用性能以及携带是否方便等。另外，老年顾客的生理机能有所下降，因而他们总希望购买场所交通便捷，商品标价和商品说明清晰明了，商品陈列位置和高度适当、便于挑选，购买手续简便，服务热情、耐心、周到。

（3）需求结构发生变化。随着生理机能的衰退，老年顾客的需求结构发生变化，用于食品和医疗保健用品的支出增加，而用于穿着方面的支出相对减少。

（4）较强的补偿性消费心理。在子女成人独立、经济负担减轻之后，部分老年顾客产生了较强的补偿性消费心理，在营养食品、健身娱乐、个人爱好、旅游观光等商品与服务的消费方面，有着与青年顾客类似的强烈消费兴趣，同时乐于进行大宗支出，以弥补那些过去未能实现的消费带来的遗憾。

※实例链接 6-5

72 岁的王大妈，是山西省某县的一位退休小学教师，平时省吃俭用，为了健康，偏爱购买各种保健品，在她家里，大大小小 13 个纸箱子装满了这几年买的部分保健品，总共 30 多个品种。几年间，王大妈在健康产品上的投资高达近 40 万元，她不仅花光了所有的积蓄，还先后从 54 个亲戚朋友手里借款 30 多万元。但是，这些所谓的保健品，大都没有任何批准文号，来路不明。王大妈怎么都不相信，保健品并没有给她带来健康，留下的除了一身的病痛，还有沉重的外债……

不法商家是怎么忽悠老人的？总结惯常的骗术有 4 招。第一招，洗脑营销。打着免费健康讲座的旗号，虚构夸大老人的病情。第二招，亲情营销。一见面就喊爷爷奶奶，哄着老人高兴。第三招，体验营销。拉着老人体验各种医疗器械。第四招，免费体检。在体检报告上做手脚，吓唬老人掏钱治病。

资料来源：《谁来管管来路不明的保健品》，见 http://jingji. cntv. cn/2015/03/15/ARTI1426426687952523. shtml。

三、男女消费者群体的心理

作为家庭生活成员的男性或女性与单身生活的男性或女性，在消费方式、决策模式方面具有一定的差异，这里不考虑这些差异，只从性别差异这一角度研究男性消费者与女性消费者的消费心理特点。

(一) 男性消费者群体的心理

男性所表现的心理特征一般是刚强粗犷，心胸开阔，意志坚强，决策果断、迅速，以事业为重，富有探索意识和冒险精神，喜爱体能型运动等。

在消费心理方面，其表现出的基本特点如下所述：

(1) 重视从整体方面搜集商品信息，考虑比较周到。相对于女性消费者，男性消费者能够比较全面地、从总体上评价商品的优缺点，注重商品的质量、性能价格比、产地等方面的特征，实用型消费动机要比女性消费者突出。在挑选大件耐用消费品、家用电器之类的商品时，具备的商品知识普遍比女性多一些，决策考虑周到一些，自信心也比较强，是大件商品、家电商品、高科技产品等商品类型的主要购买者。

(2) 决策、购买速度快。大多数男性消费者是事业型消费者，对家庭日常消费品的关心较少。男性购物时一般缺乏足够的耐心反复挑选、比较，也没有耐心像女性消费者那样细心地逛商场，一旦有了购买意向之后，购买决策的速度很快，选购时很少犹豫。男性消费者这种快速决策与购买的消费行为，会让奸商有机可乘。

(3) 中年男性保守、节俭的消费心理比较突出。中年男性往往是家庭经济的主要负担者，求廉、节俭心理虽然不及同龄女性消费者突出，但比青年男性消费者强烈。中年男性消费者独立自主性很强，购买决策较少受到广告宣传、商业环境气氛的左右。

※实例链接6-6

现在美国男性每年花100多亿美元于脸部护理、头发定型、化妆品等美容美发产品上面。男性占据了25%的整容消费市场，男性脱发与秃顶的治疗生意兴隆，头发移植和假发业务每年的销售额总计超过10亿美元。

男性对于使自己看起来更富魅力具有三方面的动因。第一，良好的容貌有助于谋职和获得提升。身材适中、充满活力（年轻）和具有吸引力的人获提升的机会将增加。第二，使自己对女性有吸引力。许多离异的中年男性都积极参与到各种提高“相貌吸引”程度的活动中。由于许多妇女不再依赖男性提供经济上的支持，因此她们更多地依据男性的身体与个性方面的特点选择配偶。第三，涉及自我和竞争意识。如果外表很重要，有竞争意识的男性会尽力在外表上竞争。意识到外表英俊受到“羡慕目光”的注视同样会使一个人的自我得到满足。

资料来源：［美］德尔·I. 霍金斯，等. 消费者行为学：第8版. 北京：机械工业出版社，2003：433.

（二）女性消费者群体

女性的心理特征表现为情感丰富，情绪变化大，观察比较细腻，联想丰富，重视家庭和睦稳定，重视外表与形体的美感。其消费心理特征如下所述：

（1）女性是家庭消费的主要购买者。据调查，全部消费品的销售额中，由妇女购买的家庭消费品占55%左右，由男士购买的占30%左右，由男女共同购买的占11%左右，由孩子购买的占4%左右，可见妇女是家庭消费的主要购买者。日用品营销策略所针对的目标群体主要是女性。

（2）认知细腻，决策带有较强的情绪性，容易受到环境的影响。因女性的情感丰富细腻，遇到感兴趣的商品容易产生购买愿望，也容易受到周围环境的影响，迅速形成购买决定。女性购买决策时很容易受商品外观的诱惑，动人的广告画面、美观的商品包装、炫目的橱窗陈列等都能激起女性消费者的内在情感，使之产生购买欲望。

（3）自我意识较强，联想丰富。女性消费者在购买决策中经常进行商品的自我比拟，联想商品的消费效果。很多女性逛商店的目的并不是购物，而是通过逛商店产生的联想满足一种心理愿望。女性消费者经常通过同伴的评价、宣传媒体上的比照等，来反馈商品对自我形象的影响。对于自己满意的商品，具有强烈的推荐愿望，对于自己不满意的商品，传话效应比较突出。

（4）观察仔细，对商品价格敏感。女性消费者尤其是中年女性消费者料理家务较多，对日用消费品考虑得比较周到，观察商品较为仔细，经济上精打细算，对商品的价格较为敏感，求廉的动机十分突出，讨价还价现象比较普遍，容易受便宜货的吸引，一旦遇到减价甩卖，容易进行冲动消费。

知识链接 6-1

许多研究认为，男性与女性处理广告信息的方式是有差别的。女性在处理信息时比男性更仔细，这也许是因为她们更加注意外部的潜台词。耐克公司负责女性市场的营销主管声称，女性购买者比男性更认真，她们会在购买之前反复对许多产品进行调研。针对她们的特点，使用赞扬性的广告是缺乏说服力的，因为她们“不想成为被鼓吹的对象”。而把女性描绘为有干劲、有能力、痛恨那些“女人很多事不能做”的保守观念的广告，更容易被女性所接受。

资料来源：［美］R. 巴特拉. 广告管理. 北京：清华大学出版社，1999：119.

第二节　模仿与从众行为

一、模仿

模仿是指仿照一定榜样做出类似动作和行为的过程。社会心理学家和社会学家的研究表明，人类在社会行为上有模仿的本能，这一本能同样存在于人们的消费活动中。消费活动中的模仿，是指当某些人的消费行为被他人认可并羡慕时，便会产生仿效和重复这类人的消费行为的倾向，从而形成消费行为的模仿。大凡能引起个体注意和感兴趣的新奇刺激，都容易引起模仿。

在消费活动中，经常会有一些消费者做出示范性的消费行为。这些人可能是普通消费者，但他们的消费兴趣广泛，个性独立，消费行为有独创性；也可能是一些名人，如影视演员、运动员、政界人士等；还可能是某行业的消费专家，如美食家、资深发烧友等。这些特殊消费者的示范性行为会引起其他消费者的模仿，模仿者也以能仿效这些特殊消费者的行为而感到愉快。

❖实例链接 6-7

在 NBA，科比作为乔丹时代后最有影响力的篮球运动员之一，给新时代热爱篮球的青少年们留下了不可磨灭的印象。科比“美如画”的翻身跳投动作是众多篮球少年纷纷效仿的动作，他们不仅学习科比的投篮、运球姿势，还会购买科比的纪念款球衣和球鞋，即使是在科比受伤期间以及退役后，科比的球衣也会排在球衣销量排行的前列。在科比不幸遇难后，世界各地的篮球爱好者均表达了他们对科比的缅怀，人们以拍摄短视频、身穿科比球衣进行悼念等方式表达对科比的怀念。

在消费领域中，模仿是一种普遍存在的社会心理和行为现象。可供模仿的内容极其广泛，从服装、发型、家具到饮食习惯，都可成为消费者模仿的对象。名人、明星的装束打扮经常被人们竞相模仿。例如，英国已故王妃戴安娜怀孕时穿着的一款底色鲜红、夹着黑白色碎花的孕妇服，成为当时英国妇女群起效仿的流行服装。

消费活动中的模仿行为大致有以下特点：

（1）模仿行为的发出者，即热衷于模仿的消费者，对消费活动大都有广泛的兴趣，喜欢追随消费时尚和潮流，经常被别人的生活方式所吸引，并力求按他人的方式改变自己的消费行为、消费习惯。

（2）模仿是一种非强制性行为，即引起模仿的心理冲动不是通过社会或群体的命令强制发生的，而是消费者自愿将他人的行为视为榜样，并主动、努力学习和模仿的。

（3）模仿可以是消费者理性思考的行为表现，也可以是感性驱使的行为结果。消费意识明确的消费者，对模仿对象的选择通常经过深思熟虑；而观念模糊、缺乏明确目标的消费者，其模仿行为往往带有较大的盲目性。

（4）模仿行为的发生范围广泛、形式多样。所有的消费者都可以模仿他人的行为，也都可以成为他人模仿的对象。

（5）模仿行为通常以个体或少数人的形式出现，因而一般规模较小。当模仿规模扩大，成为多数人的共同行为时，就发展为从众行为或爆发为消费流行了。

知识链接 6－2

关于消费者的模仿行为有多种解释。其中之一是，单个的消费者在整个生命中被置于社会不同的角色。其中一些角色是我们很情愿寻求和获得的，例如成功的商业人士，其余的是社会归于我们的，例如年龄和性别角色。当消费者扮演一个角色时，他们使用消费品来标志那种角色，并在其中充分地展现这种角色。例如，扮演运动员角色的人必须拥有合适的运动器材；一个美食家必须拥有一套食品加工器；一个颓废派的青少年也许应该有染成紫色的头发；一对新的父母也许很骄傲地在家庭汽车上陈列一张“车内有婴儿”的张贴画。由于我们并非生来就知道怎样扮演好这些角色，所以我们总是看着别人包括实际的或是媒体上的人，来学习这些角色是怎样扮演的。

资料来源：［美］R. 巴特拉，等. 广告管理. 北京：清华大学出版社，1999：239.

二、从众行为

（一）从众行为的概念

从众行为是指个体在群体的压力下改变个人意见而与多数人取得一致认识的行为倾向。与模仿相似，从众也是在社会生活中普遍存在的一种社会心理和行为现象。在消费领域中，从众表现为消费者自觉或不自觉地跟从大多数消费者的消费行为，以保持自身行为与多数人行为的一致性，从而避免个人心理上的矛盾和冲突。这种个人因群体影响而遵照多数人的消费行为方式进行消费，就是从众消费行为。著名的阿希试验就表明了这一点。

知识链接 6-3

“阿希实验”是研究从众现象的经典心理学实验，它是由美国心理学家所罗门·阿希(Solomen Asch)设计实施的。所谓从众，是指个体受到群体的影响而怀疑、改变自己的观点、判断和行为等，以和他人保持一致。阿希实验就是研究人们会在多大程度上受到他人的影响，而违心地进行明显错误的判断的。

实验者以大学生为被试，每组 7 人，坐在一排，其中 6 人是实验者的助手，只有 1 位是真正的被试，被试并不知道其他 6 人的身份。实验开始之后，实验者向所有人展示了一条标准直线 X（见图 6-1 左侧框中），同时向所有人出示用于比较长度的其他三条直线 A，B，C（见图 6-1 右侧框中），其中有一条和标准直线 X 长度一样。然后让所有人（其中包括 6 位助手和 1 位真的被试）说出与 X 长度一样的直线。实验者故意把真的被试安排在最后一个，前面 6 位由实验者的助手伪装的被试们，都会按照事先的要求说出统一的错误答案，最后由真的被试判断哪条直线和 X 长度一样。

实验结果是被试做出所有回答中，有 37%的回答是遵从了其他人意见的错误回答，大概有 3/4 的人至少出现了一次从众，大约有 1/4 的人保持了独立性，自始至终没有一次从众发生。

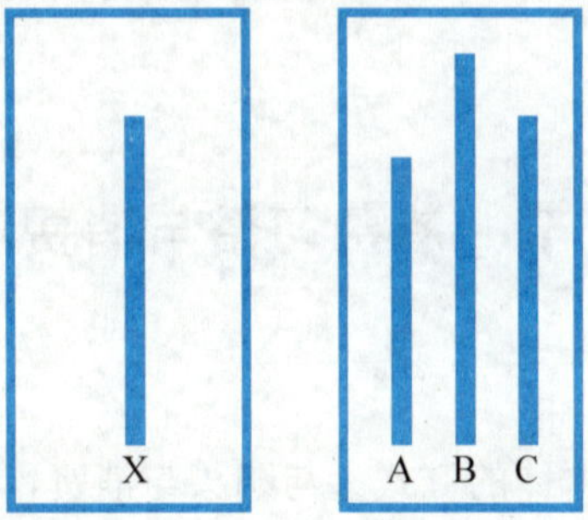

图 6-1　阿希实验进行对比的直线

（二）从众行为的特点

从众行为尽管有多种，但都具有以下一些共同特征：

(1) 从众行为往往是被动接受的过程。许多消费者为了寻求保护，避免因行为特殊而引起的群体压力和心理不安，而被迫选择从众。在从众过程中，消费者会产生复杂的心理感受，除安全感、被保护感等积极感受外，还会有无奈、被动等消极的心理体验。

(2) 从众行为现象涉及的范围有限。就总体而言，消费者的行为表现形式是多种多样、各不相同的，这是由消费活动的个体性、分散性等内在属性决定的。因此，通常情况下，让大多数消费者对所有的消费内容都保持行为一致是根本不可能的；也就是说，从众行为不可能在所有的消费活动中呈现，它的发生需要一定的客观环境和诱因刺激。

(3) 从众消费行为发生的规模较大。从众现象通常由少数人的模仿、追随开始，继而扩展成为多数人的共同行为。多数人的共同行为出现后，又刺激和推动了在更大范围内更多的消费者选择相同或相似的消费行为，从而形成更大规模的流行浪潮。因此，从众行为是消费流行的先导。

（三）影响消费者从众行为的因素

从众消费行为的发生和发展受到群体及个体多方面因素的影响，主要有下述几个因素：

（1）群体因素。一般来说，群体的规模越大，群体内持相同意见的人越多，所产生的群体压力也越大，此时越容易产生从众行为。同时，群体的内聚力、一致性越强，群体领袖人物的权威性越高、影响力越大，从众行为就越容易发生。再者，个体在群体中的地位越低，就越容易被影响，也越容易采取从众行为。

（2）个体因素。一般来说，容易发生从众行为的消费者大多对社会舆论和他人的意见十分敏感，缺乏自信，非常注意社会和他人对自己的评价，且个人缺乏足够的知识经验，做出判断时必须依赖他人提供的信息，所以容易发生从众行为。

（3）问题的难度。问题的难度大小也是导致从众行为的重要因素。无论哪一种商品，只要消费者对其质量、功能和效用越难做出明确的判断，就越容易引起从众行为。有研究表明，个人在解决问题时，随着问题难度的加大，需要群体其他成员帮助、指点的必要性增加，个人对他人的依赖和信任随之增加，发生从众行为的机会也增加。

第三节　消费习俗与消费流行

现实生活中，顾客经常以群体的方式参与购买与消费，因此，研究顾客群体的心理特点，了解消费习俗与消费流行的群体表现，对企业营销活动具有重要意义。

一、消费习俗

（一）消费习俗的概念

消费习俗是指一个地区或民族约定俗成的消费习惯，主要包括人们对信仰、节日、婚丧、饮食、服饰等物质与精神产品的消费习惯。它一旦形成，直接影响人们的日常生活消费与消费心理。

（二）消费习俗的特点

消费习俗具有以下特点：

（1）独特性。消费习俗总是与一定的自然基础、社会基础相适应的，是区别于其他习俗的特殊意识和行为，最终形成众人共同认可与遵从的完整体系。

（2）长期性。消费习俗是人们在长期的生活实践中逐渐形成和发展起来的。一种习俗的产生和形成，需经过若干年乃至更长时间，而形成了的消费习俗又将在长时期内对人们的消费行为发生潜移默化的影响。

（3）社会性。习俗的产生和沿袭离不开社会环境，习俗是社会生活的重要组成部分，具有社会性。其中某些具有较强社会性的消费习俗，由于受社会环境、社会形态、社会意识的影响，也会随着社会的发展变迁而不断地更新变化。

（4）地域性。消费习俗是特定地域范围内的产物，通常带有强烈的地域色彩。我国南北两个不同的亚文化群体在饮食习惯方面就有着很大的差异，形成了南甜、北咸、东辣、西酸的饮食习惯。

（5）非强制性。消费习俗的形成和流行不是强制发生的，而是通过无形的社会约束力发生作用。约定俗成的消费习俗以潜移默化的方式发生影响，使生活在其中的消费者自觉或不自觉地遵守这些习俗，并以此规范自己的消费行为。

（三）消费习俗对消费心理的影响

（1）消费习俗促成了习惯性购买。消费习俗促成了顾客购买心理的稳定性和购买行为的习惯性。受消费习俗的长期影响，顾客在购买商品时，往往容易产生习惯性购买心理，固定地重复购买符合其消费习俗的各种商品。

（2）消费习俗强化了顾客的偏好与从众心理。消费习俗的非强制性和长期性使顾客自觉或不自觉地重复购买符合某种消费习俗的商品，久而久之，顾客对该商品产生了信任感，形成偏好，并不断得以强化。同时，消费习俗促成消费行为的无条件性，从而强化了顾客的从众心理。

（3）消费习俗影响顾客心理的变化速度。消费习俗对顾客心理的变化既可以起阻碍作用，也可以起促进作用。一般来讲，当新商品或新的消费方式与消费习俗发生冲突时，由于消费心理受消费习俗的制约，因而导致消费心理的变化十分困难，新商品或新消费方式的推广受到阻碍。当新商品或新的消费方式与消费习俗具有共同点、相融性时，会加速消费心理的变化，使消费者迅速接受这种新商品或新的消费方式。

❖实例链接 6－8

“二月二，龙抬头；大仓满，小仓流。”在北方，二月二又称为龙抬头日、春龙节；在南方叫做踏青节；在古时，被称为挑菜节。在这样一个吉祥喜庆的日子，为了让自己孩子也沾沾喜气，许多市民会挑当天给孩子剪头发。

“这几天有十几位都预订了二月二当天的房间，有的是家宴，有的是喜宴。”振兴南路某酒店的服务员李小姐说。二月二是个好日子，许多市民特意把自己孩子的满月、百天和周岁宴席放在了二月二这天，让孩子沾沾龙气。

“二月二搬家，好运一打”，不少市民开始扎堆搬家。在讲求吉日的中国人看来，二月二绝对是年后搬家最吉利的日子了，所以这一天的业务不仅多，费用也较平时高了两三倍。

“二月二，吃糖豆”，商场上的糖豆各式各样，有炒玉米、炒花生、炒绿豆、巧克力、麻薯、糯米、椒盐、芝麻等几十个品种。二月二既然是民俗节日，就要体现民俗的特色。在物质生活丰富的今天，吃一下曾经的味道，还是不错的选择。

资料来源：刘婷婷. 二月二抬起习俗消费“龙头”. 齐鲁晚报，2014-02-28.

二、消费流行

（一）消费流行的概念

消费流行是指众多的顾客在一定时间和范围内呈现出的广泛地追求某种商品或某个时尚的消费趋势。其主要特点是骤发性、集中性、群体性、周期性和变动性。我国自改革开放以来曾经出现过几次大的消费流行，如“西装热”“彩电热”“呼啦圈热”“装修热”等。进入21世纪以来，随着我国市场与国际市场的全面接轨以及外来文化大量涌入，我国消费流行呈现出与国际潮流同步化、流行模式多元化、流行追求个性化、流行消费主体低龄化等新动向。消费流行作为一种市场现象随处可见。

（二）消费流行产生的原因

消费流行的出现具有多方面的原因，下面主要分析两大方面的原因：

（1）某些消费流行的产生是源于商品生产者和销售者对利益的追逐。他们为扩大商品销售，会努力营造某种消费气氛，引导消费者进入流行的潮流之中。例如，法国巴黎是世界时装的窗口，这里发布的时装款式经常代表下一季度世界时装流行的趋势。而这些流行趋势主要是时装生产者和销售者为扩大经营，借助巴黎这一国际时装中心的权威性影响，引导和推动众多顾客追随形成的。

（2）有些流行现象是消费者的某种共同心理需求造成的。大部分消费者在这种共同心理的影响下，主动追求某种新款商品或新的消费风格，从而自发推动了流行的形成。对流行心理的分析表明，消费流行是有规律可循的，因而也是可以预测的。企业可以通过对流行趋势的准确预测来制定相关营销策略，指导企业的生产经营活动。

（三）消费流行对消费心理的影响

在消费流行的冲击下，消费心理会发生许多微妙的变化，具体表现为以下几个方面：

（1）消费流行引起顾客认知态度的变化。通常情况下，当一种新产品或新的消费方式出现时，顾客由于对它不熟悉、不了解，往往会抱有怀疑和观望的态度，然后，顾客通过学习、认知过程来消除各种疑虑，决定购买与否。但是，由于消费流行的出现，大部分顾客的认知态度会发生变化，怀疑态度消失，肯定倾向增强，学习时间缩短，接受时间提前。

知识链接 6-4

英国一位研究服装问题的专家曾指出：如果一个人穿上5年后会时兴的服装，可能会被认为是怪人；提前3年穿戴，会被认为是精神不大正常；提前1年穿戴，则会被认为是大胆的行为；而在正流行的当年穿，会被认为非常得体；但1年后再穿，就显得土里土气；5年后再穿，就成了老古董；10年后再穿，只能招来耻笑；可是过了30年后再穿，又会被认为很新奇、具有独创精神了。

（2）消费流行引起顾客心理驱动力的变化。就顾客的购买行为而言，直接引起、驱动和支配行为的心理因素是需要和动机。通常情况下，这些购买动机是相对稳定的。但是，在消费流行的冲击下，顾客对流行商品产生了一种盲目的购买驱动力。

（3）消费流行引起顾客心理的反向变化。在正常的生活消费中，顾客往往要对商品进行比较和评价后，再决定是否购买。但是，在消费流行浪潮的冲击下，常规的消费心理会发生反向的变化。如一些流行商品明明价格很高，顾客却毫不计较，慷慨解囊；相反，不流行的商品尽管价格低廉，品质也不错，却无人问津。

（4）消费流行引起顾客消费习惯与偏好的变化。顾客长期使用某种商品，会对该商品产生特殊的好感，习惯性地、反复地购买该商品，还会在相关群体中进行宣传，形成惠顾动机。但是，在消费流行的冲击下，惠顾动机也会动摇，变为"喜新厌旧"，转而购买流行商品。在消费流行的冲击下，顾客由于生活习惯、个人爱好所形成的偏好心理也会发生微妙的变化，社会风尚的无形压力会使顾客自觉或不自觉地改变原有的消费习惯和消费偏好。

本章小结

1. 具有共同消费特征的消费者所构成的群体即消费者群体。从年龄来看，少年儿童消费群体、青年消费群体、中年消费群体、老年消费群体分别会表现出不同的特征。从性别的角度来看，男性消费群体与女性消费群体的心理也存在明显的差异。

2. 模仿是指仿照一定榜样做出类似动作和行为的过程。消费者的模仿行为具有五个方面的特点。从众行为是指个体在群体的压力下改变个人意见而与多数人取得一致认识的行为倾向。消费者的从众行为具有三个特点。从众消费行为的发生和发展受到群体及个体多方面因素的影响。

3. 消费习俗是指一个地区或民族约定俗成的消费习惯，具有独特性、长期性、社会性、地域性、非强制性等特点，它会从三个方面影响消费心理。消费流行是指众多的顾客在一定时间和范围内呈现出的广泛地追求某种商品或某个时尚的消费趋势，它的产生主要有两方面的原因。在消费流行的冲击下，消费心理会发生许多微妙的变化。

关键概念

社会群体　消费者群体　模仿　从众行为　消费习俗　消费流行

思考与训练

一、复习思考题

1. 不同年龄段消费者群体的心理有什么特征？
2. 男性和女性消费者群体的心理有什么特征？
3. 消费活动中的模仿行为有什么特点？
4. 从众行为的特点是什么？
5. 影响消费者从众行为的因素是什么？
6. 消费习俗的特点是什么？
7. 消费习俗对消费心理有哪些影响？
8. 消费流行产生的原因有哪些？
9. 消费流行对消费心理有哪些影响？

二、实训题

1. 商品需求调查：

（1）选择一个你感兴趣的商品，然后进行相关调查，分析商品的销售是否随着消费者的年龄、性别和收入的变化而变化。

（2）写出调查分析报告。

2. 消费流行现象调查：

（1）调查你所见到的一种消费流行现象。

（2）在全班组织一次交流与探讨。

（3）写出调查分析报告。

三、案例分析题

阅读下面的案例，并完成讨论。

中国人的“跟风潮”

当前，中国社会转型引发了诸多方面的深刻变化，各种“风潮”让人目不暇接。

据人民论坛问卷调查显示：七成以上的受调查者认为中国人跟风程度“非常严重”，表面随大流、跟风已成为一种普遍心态。

1. 养生热

湖南卫视以脱口秀形式打造了一个栏目叫《百科全说》。该栏目将综艺节目和养生节目相嫁接，2010 年 2 月一期《张悟本谈养生》的节目，使张悟本一夜走红。随之，由张悟本所撰写的《把吃出来的病吃回去》一书一跃成为各大书店的销售黑马，据说上市 4 个月竟然销售达 300 万册！养生成为人们当时最为关注的话题之一，并以一股强大的磁力影响着百姓的日常生活。而“食疗大师”张悟本的倒台正是众多养生热乱象的突出代表。

2. 选秀热

近年来，媒体选秀节目从未冷却。从“超级女声”“快乐男声”“梦想中国”到“红楼梦选秀”等，一系列“选秀热”进入了全面开花阶段。“选秀”无疑是目前最火的娱乐节目，也是社会各界人士争相分析探讨的热门话题。

3. 报班热

暑期来临，日益升温的“报班热”让孩子们原本无忧无虑的假期变得紧张而忙碌。不少家长跟风给孩子报了特长班、兴趣班、课外辅导班等。据记者调查，有些家长虽然不愿意让孩子上兴趣班，但看到别人的孩子都上了，也不得不把自己的孩子送去上兴趣班。

4. 相亲热

荧屏上的相亲交友类节目大战愈演愈烈，自湖南卫视推出了婚恋交友真实秀节目《我们约会吧》后，江苏卫视《非诚勿扰》开播收视飘红，多家卫视相继播出相亲或者交友类节目，一轮“相亲热”席卷荧屏。

调查结果还表明，当今时代，跟风现象不仅没有减少，反而有愈演愈烈的趋势。用“跟风热”来表述目前中国的种种从众现象毫不为过。

据记者了解，“跟风”潮遍及社会各个领域和阶层，从某类型服饰的跟风到炒股、房地产买卖的跟风，从日常消费的跟风到文化消费的跟风，从广告明星代言的跟风到电视栏目的跟风，从留学跟风到文凭跟风，这一浪高过一浪的跟风潮，此起彼伏，愈演愈烈。

资料来源：人民论坛“特别策划”组. 中国人“跟风潮”现场调查. 人民论坛，2010（20）.

讨论：

1. 分析说明“跟风”现象的心理机制是什么。
2. 如何纠正人们的盲目跟风行为？

即测即评

测评试题

第七章

社会环境与消费者行为

——探究影响消费者行为的外部因素（一）

通过本章的学习，读者应了解和掌握：

- 参照群体的概念及类型；
- 参照群体影响成员行为的方式及决定参照群体影响强度的因素；
- 参照群体概念在营销中的应用；
- 社会阶层的特征；
- 不同社会阶层消费者行为的差异；
- 社会阶层划分在营销策略中的应用；
- 家庭以及家庭生命周期对消费者行为的影响。

导入案例

李辰是一家旅游网站的副总经理，他与妻子的年收入可以轻松达到 80 万元，2015 年他们买了一辆奥迪汽车，2017 年又买了一套 120 平方米的住房，生活无忧。他购物时基本上不考虑性价比，更在意品牌所表现、传递的感觉是否与自己的身份对应。李辰是中国中产阶级中具有代表性的一员。“中产阶级”已经成为我们社会的中坚力量。

以往不是很重视生活品质的李辰现在对生活中的很多细节都非常在意，家中的电器几乎都是国际品牌，即使是卫生间内的洁具也和五星级酒店没有区别。至于服装方面，李辰现在只去为数不多的几家高档商店购买。总结自己的消费观时，李辰说：“我外在方面注重品牌，内在方面注重品质。即使是一把牙刷，我也非常看重品牌和品质。”

消费者总是处于一定的社会环境之中，各种各样的环境因素都会对消费者的行为产生直接或间接的影响。在这些因素当中，参照群体、社会阶层和家庭是尤其需要注意的。

第一节　参照群体与消费者行为

一、参照群体的概念和类型

（一）参照群体的概念

所谓参照群体，是对个人的行为、态度、价值观等有直接或间接影响的群体，该群体的看法和价值观被个体作为当前的行为基础。参照群体是个体在某种特定情境下作为行为指南而使用的群体，其提供了一个评价消费者态度和行为方式的比较标准。当消费者隶属于某一群体时，他常常会以该群体作为自己的参照群体，然而当他发现该参照群体的标准与自己的理想标准有差异时，他会选择其他的群体作为参照群体。

（二）参照群体的类型

根据消费者是否属于群体成员，可以将参照群体划分为成员群体和非成员群体。

1. 成员群体

成员群体是指个体已经拥有成员资格的群体，换言之，个体已经成为该群体中的一员。根据群体对个体态度和行为的正面影响或负面影响，成员群体又可以被划分为接受群体和拒绝群体。

接受群体是消费者具有成员资格，并认同接受所在群体的态度、价值观和行为标准的群体。拒绝群体是消费者具有成员资格，但对所在群体的行为标准、态度和价值持否定或反对态度的群体。例如，有些人虽然作为组织职员而隶属于某个群体，但根本就不认同该群体的某些重要的价值观念或行为方式，从而在其言谈举止上表现出一定的“另类”行为。又如，有些青少年对父母的教育感到厌倦和逆反，因此，他们会经常做出一些与父母要求相违背的事情。

2. 非成员群体

非成员群体是指个体并不具有成员资格的群体。按照群体对个体态度和行为的正面影响或负面影响，非成员群体可以被划分为两类：渴望群体和回避群体。

渴望群体的特点是虽然现在消费者还不是这种参照群体的成员，但希望能成为这一群体的成员。例如，组织的高阶层人员往往便是组织中低阶层员工的渴望群体。回避群体是消费者力图避免加入或对其持否定态度的群体。只要有可能，人们会尽力避开这样的群体。例如，大部分人会回避吸毒者、黑社会等群体的嗜好和行为。

二、参照群体影响成员行为的方式

参照群体对消费者的影响主要表现为三种形式：信息性影响、规范性影响和认同性影响。

（一）信息性影响

信息性影响是指参照群体成员的行为、观念、意见被个体作为有用的信息予以参考，由此对个体的行为产生影响。信息从参照群体传递到消费者有三种方式：消费者有意识地主动寻求；消费者在偶然或不经意间了解到；参照群体的成员热心向消费者推荐或劝说消费者。群体对个体的影响程度取决于被影响者与群体成员的相似性，以及施加影响的成员的专长性。一般情况下，消费者更多是从朋友和邻居等私人关系中寻找建议，而不是求助于商业信息来源，如广告。

（二）规范性影响

规范性影响又称功利性影响，是指由于群体规范的作用而对消费者行为产生的影响。规范是在一定社会背景下群体对其所属成员行为合适性的期待，它是群体为其成员确定的行为标准。一般而言，只要满足下列三个条件就能激励消费者遵守群体的规范和行为方式：(1) 个人对群体有所承诺并珍惜其在群体内的身份。(2) 群体对遵守规范者提供足够的报酬并惩罚违规者。(3) 个人的从众行为对群体其他成员的影响是显著的。

（三）认同性影响

认同性影响是指个体自觉遵守或内化参照群体所具有的信念和价值观，从而在行为上与之保持一致。当一个人购买某种产品的主要目的，是因为该产品能够帮助他和其他的人形成某种高度类似时，认同性影响便会产生。例如某位消费者认为艺术家通常是留长发、蓄络腮胡、不修边幅的，于是他也留起了长发，穿着打扮也不拘一格，以获得他所理解的那种艺术家的形象和气质。

三、决定参照群体影响强度的因素

参照群体对消费者购买决策会产生重要的影响，但是不同的消费者受参照群体影响的程度又有很大的差异。决定参照群体影响强度的因素主要有以下三个。

（一）产品特征

这一因素可以从三个方面来讨论：

1. 产品的需要程度

产品的需要程度越高，参照群体对产品的选择的影响力越弱，反之亦然。对于日常用品、食品等经常消费的产品，消费者非常熟悉且已经形成了习惯性购买，因此参照群体的影响力相对较小。对于非必需品或者奢侈品，如高档服装、珠宝首饰等，参照群体的影响力相对较大。

2. 产品与群体的相关性

即他人对这种产品的认识程度，产品是公众的还是私人的。公众物品是指当拥有和使用时能够引起别人重视的东西，也就是说物品的可见性高；私人物品是指那些在家里使用、别人无法注意到的东西，也就是说物品的可见性低。可见性高的物品，参照群体的影响力强；可见性低的物品，参照群体的影响力有限。

上述两个方面综合起来，可以更加全面地认识产品特征与参照群体的影响之间的关系，见表 7-1。

表 7-1　产品特征与参照群体的影响

<table>
<tr><td colspan="3" rowspan="3"></td><td colspan="2">需要程度</td></tr>
<tr><td>必需品</td><td>非必需品</td></tr>
<tr><td>参照群体对产品选择影响力弱</td><td>参照群体对产品选择影响力强</td></tr>
<tr><td rowspan="2">可见性</td><td>高</td><td>参照群体对品牌选择有强影响力</td><td>公共必需品
影响力：对产品弱，对品牌强
例子：手表，汽车</td><td>公共奢侈品
影响力：对产品、品牌都强
例子：滑雪、高尔夫俱乐部</td></tr>
<tr><td>低</td><td>参照群体对品牌选择有弱影响力</td><td>私人必需品
影响力：对产品、品牌都弱
例子：床垫，冰箱</td><td>私人奢侈品
影响力：对产品强，对品牌弱
例子：香薰、精油</td></tr>
</table>

3. 产品的生命周期

美国学者亨顿认为，当产品处于导入期时，群体影响在产品选择上大而在品牌选择上小；在产品成长期，参照群体对产品和品牌的影响都很大；在产品成熟期，群体影响在品牌选择上大而在产品选择上小；在产品衰退期，群体影响在产品和品牌选择上都比较小。

（二）个人特征

这一因素也可以从三个方面讨论：

（1）消费者的个性。消费者的个性不同，其受参照群体的影响明显不同。善于思考、有主见、有较强的分析判断能力的消费者受参照群体的影响小；做事优柔寡断、思前想后的消费者受参照群体的影响较大。

（2）消费者在购买中的自信程度。消费者在购买过程中自信程度越低，越容易求助于参照群体成员，特别是在其购买自己不太熟悉或者是对自己很重要的产品时表现得尤为突出。而在日常用品的购买过程中，由于消费者熟悉产品并形成了习惯性购买，参照群体的影响较小。

（3）个人对参照群体的忠诚度。一般而言，个人对群体越忠诚，就越倾向于遵守群体规范。

（三）参照群体特征

消费者与参照群体的价值越接近，接触越频繁，或者是参照群体的知名度、美誉度越高，参照群体对消费者的影响就越大。参照群体对遵守群体规范的奖励越多或对违反群体规范的惩罚越严厉，以及参照群体本身的规模越大、专业性越强，对消费者的影响也越大。从以上分析中，可以总结出决定参照群体影响力的情境，如图 7-1 所示。

图 7-1　决定参照群体影响力的情境

四、参照群体概念在营销中的应用

（一）名人效应

名人特别是知名影视演员、著名运动员等作为参照群体具有强大的号召力和感染力，其生活模式代表了一些人的理想。因此，产品制造商不惜重金请名人做产品的代言人，期望的是消费者能够对与名人有联系的产品做出积极的反应。例如，宝洁公司为旗下的各个洗发水品牌聘请知名影视演员、歌手作为产品代言人，为公司带来了巨大的经济利益。利用名人做广告，公司能获得多种利益，例如名人的名誉、才能、可信度或者个人魅力，在这些利益当中，名人的可信度是最重要的。所谓名人的可信度就是公众对名人专业知识的认可程度（名人了解该产品领域的程度如何）以及认为名人值得信任的程度（名人对于他所说的产品的诚实水平如何）。

并不是所有的公司产品都适合利用名人效应的广告方式。利用名人效应的广告方式要考虑三个方面：首先，要考虑产品或服务的形象与名人形象的一致性。其次，要考虑到名人的可信度。再次，商家和名人都必须采取措施保证广告内容的真实性。当然，利用名人效应也有一定的风险，当名人卷入某些不光彩的事件中，负面的新闻报道会给名人所代言产品的销售带来负面的影响。

（二）专家效应

市场营销人员常使用的参照群体还有专家。专家是指在某一领域受过专门训练，具有专业知识、经验和特长的人，他们所具有的丰富的知识和经验，使其介绍、推荐产品与服务时更具有权威性。例如佳洁士的含氟牙膏利用专家效应取得了巨大的成功。在药品的广告中，利用专家效应比较普遍且有效。有时名人效应和专家效应是混合在一起的，如迈克尔·乔丹为某篮球鞋做广告，既利用了名人效应也利用了专家效应。

（三）普通人效应

使用满意的顾客来推荐产品，这样的参照群体使用方法被称为普通人方法。利用普通人的优势在于产品或服务的代言人是和预期消费者一样的普通消费者，这会使受众感觉亲近，从而使广告诉求更容易引起共鸣。例如，汰渍洗衣粉的广告利用洗衣服的生活场景，让家庭主妇诉说使用产品的感受以达到宣传产品功效的目的。大宝 SOD 蜜的广告强调其产品就像老百姓过日子一样实实在在。这些广告都是利用普通人效应，能够贴近消费者，反映消费者的真实生活，从而更加容易得到消费者的认可。

（四）高层管理者效应

20 世纪 70 年代以来，越来越多的公司在消费者广告中使用公司的总裁或者是总经理作为代言人。这种广告的流行，是由于许多革新的高层管理者取得成功并且成为公众人物。由于高层管理者受到大众的敬仰，他们出现在广告中，一方面能够吸引更多的人对广告产生兴趣，另一方面也表明公司的高层对消费者利益的关注，从而令消费者对公司产品有更多的信心。

当然，对于不同参照群体，消费者的认可程度是不同的。

❖实例链接 7-1

董明珠代言格力品牌的形象令人印象深刻，比如代言的格力空调、格力电饭煲等，还有格力手机的开机画面也是董明珠的个人照片。对于为什么用自己的形象，董明珠直言不讳："请一个明星一年一两千万，自己做，分文不取，最起码为格力省下两千万，把这两千万让利给消费者，或者投入研发更好。"但事实上，在请明星代言成风的中国家电行业中，格力显然并不差钱。对此，董明珠透露了更深一层的想法："其实初衷是觉得自己直接面对消费者，亲自给消费者一个承诺的形式挺好。"

资料来源：《董明珠为自己代言：让世界爱上中国制造》，见 http://news.163.com/15/0929/21/B4N8B4NM00014Q4P.html，有删减。

第二节　社会阶层与消费者行为

任何社会都有社会等级，因而可以将社会划分为不同的阶层。对社会阶层的划分有助于了解并预测消费者的行为。

一、社会阶层的含义

社会阶层是在一个社会中具有相对的同质性和稳定性的群体，他们按等级排列，每个阶层的成员具有类似的价值观、兴趣爱好和行为方式。在服装、家具、娱乐和汽车等领域，各社会阶层所购买和消费的产品和品牌有着明显的不同。

把社会成员分成若干社会阶层，可以让研究者注意到每个社会阶层的共同价值、态度和行为，检验社会阶层对实际产品消费的影响。

二、社会阶层的特征

（一）社会阶层展示社会地位

社会阶层具有从高到低的纵向等级体系，人们可能并不知道划分这些等级的所有依据，但任何人都知道这种等级的存在，并确定自己属于哪个社会等级，同时，通过对他人社会阶层的认识来决定与其交往的方式。社会学家凡勃伦所提出的炫耀性消费，就反映了人们显示社会地位的需要和动机。

知识链接 7-1

在 1899 年出版的《有闲阶级论》中，凡勃伦首次提出了"炫耀性消费"（conspicuous consumption）这一概念。所谓炫耀性消费，又可称为"显眼的消费""装门面的消费"

“摆阔气的消费”，指的是富裕的上层阶级通过对物品的超出实用和生存所必需的奢侈性和铺张浪费，向他人炫耀和展示自己的金钱财力和社会地位，以及这种地位所带来的荣耀、声望和名誉。

（二）社会阶层的多维性

社会阶层并不是由某一变量单独决定的，而是由多种变量综合决定的。只不过在一定时期内，某个变量可能起主导作用。决定社会阶层的因素不仅仅是包括经济收入、职业、专业技能等在内的经济因素，同时还有政治因素及社会因素。

（三）社会阶层对成员行为的约束性

由于不同社会阶层在价值观、态度和行为等方面存在着较大的差异，所以社会交往多发生在同一阶层内部，从而使同一阶层内的成员相互影响，强化共有的规范和价值观。由于阶层与阶层之间的接触较少，不同阶层之间的相互影响也相对较弱。

（四）社会阶层的同质性

社会阶层的同质性是指同一社会阶层的社会成员在价值观和行为模式上具有共同点和类似性。这种同质性很大程度上是由他们共同的社会经济地位决定的，同时也和他们彼此之间更频繁的互动有关。对于市场营销人员而言，社会阶层的同质性为市场细分提供了依据和基础。

（五）社会阶层的动态性

社会阶层不是一成不变的，随着时间的推移，同一个体可能从原来的社会阶层跃升到更高的阶层，也可能跌入较低的阶层。个人的努力和社会条件的变化是促使成员在社会阶层间流动的主要原因。例如，一个普通工人通过自己的努力学习和工作，掌握了专业知识，得到了公司的赏识和认可，提升到公司的管理岗位，他的社会阶层也会相应地从工薪阶层提升到中产阶级。随着社会的不断开放，社会阶层的动态性表现得越来越明显。

三、不同社会阶层消费者的行为差异

（一）支出模式上的差异

不同社会阶层的消费者所选择和使用的产品存在差异，尤其是在购买住宅、服装和家具等能显示地位与身份的商品时，不同阶层消费者的差别十分明显。

在美国，上层社会的消费者的住宅区环境幽雅，室内装修豪华，他们购买高档的家具和服装。中层社会的消费者一般存款较多，住宅区环境也相当不错，但他们对内部装修则不是特别讲究，高档服装、家具的拥有量也不多。下层社会的消费者的住宅区环境较差，在衣服和家具上的投资较少。此外，下层社会的消费者的支出在某种意义上带有“补偿”性质：一方面，由于缺乏自信和对未来并不乐观，他们十分看重眼前的消费；另一方面，由于受教育水平普遍较低，他们容易产生冲动性购买。

知识链接 7－2

新的社会阶层是随着改革开放和社会主义市场经济发展，在非公有制经济领域和社会领域出现的一些新的社会群体。新的社会阶层人士主体是知识分子，主要包括民营企业和外商投资企业管理技术人员、中介组织和社会组织从业人员、自由职业人员、新媒体从业人员等。根据 2016 年 12 月中国社会科学院在京发布的《社会蓝皮书：2017 年中国社会形势分析与预测》，从个人收入来看，新社会阶层在过去一年的平均收入达到 166 403 元，远高于社会平均收入 75 184 元，是其 2.21 倍；而在家庭收入层面上，新社会阶层过去一年的家庭总收入均值达到 288 826 元，是社会平均收入 147 573 元的 1.96 倍。在各分项的支出方面，新社会阶层的饮食支出为 35 433 元，略高于社会平均水平 25 832 元；服装配饰支出为 14 720 元，比社会平均水平高 92.8%；医疗支出为 6 778 元，高于平均水平 38.9%；教育支出与住房支出明显高于社会平均水平，分别是其 1.68 倍和 1.40 倍。这说明相对于社会其他阶层来说，新社会阶层自身的消费能力更强，也拥有更巨大的消费潜力可发掘。

资料来源：摘选自《7 200 万人成中国“新社会阶层”，看看有你吗?》，见 http://news.ifeng.com/a/20170108/50539433_0.shtml。

（二）休闲活动上的差异

一个人所偏好的休闲活动通常是同一阶层或邻近阶层的其他个体多从事的某类活动，他对新的休闲方式的采用也往往受到同一阶层或较高阶层成员的影响。不同社会阶层在休闲活动上的支出占家庭总支出的比重相差无几，但是休闲活动的类型却差别颇大。高尔夫、壁球和欣赏歌剧是上层社会的活动；桥牌、网球、羽毛球在中层社会颇受欢迎；拳击、摔跤被认为是下层社会的主要活动。

上层社会成员从事的职业一般是脑力劳动，作为补偿，他们倾向于选择慢跑、游泳等能够锻炼四肢且相对省时间的休闲活动，且喜欢个人或双人性活动；下层社会成员较多选择团体性活动；中层社会成员是公共游泳池、公园、博物馆等公共设施的主要使用者。

（三）信息获取和处理上的差异

不同的社会阶层对信息的利用和依赖程度存在着差异。上层社会的消费者大都受到过良好的教育，他们可以充分利用各种渠道如读书、看报、上网等方式获取足够的有价值的信息，经过对信息的处理再做出消费决策；下层社会的消费者获取信息的途径十分有限，自身对信息的误导和欺骗成分甄别能力又较差，因此他们的消费决策受亲戚朋友的影响较大。

不同社会阶层的消费者使用的语言也各具特色。一般而言，越是高层的消费者使用的语言越抽象；越是低层的消费者使用的语言越具体、越大众化，而且伴有更多的俚语和街头语言。

（四）购物方式的差异

如果消费者所处的社会阶层与某一商店的社会阶层定位相去甚远，那么他光顾该商店的可能性就很小。不过，研究发现，下层社会的消费者会相对较多地去定位较高的商店。另一项研究表明，对社会阶层的“自我感知”程度也会导致消费者在选择商店上的差异。客观上属于中层而自认为属上层的消费者、实际为上层人物但自认为属中层的消费者会更多地去专卖店购物。

上层社会的消费者比较自信，喜欢单独购物，重视购物环境和商品品质，对服务要求很高，乐于接受新的购物方式。中层社会的消费者比较谨慎，对购物环境有较高的要求，但也经常在折扣店购物。下层社会的消费者对价格特别敏感，多在中、低档商店购物，而且喜欢成群结队逛商店。

四、社会阶层划分在营销策略中的应用

（一）市场细分

不同的社会阶层会有不同的消费行为和不同的利益追求，当然他们也会表现出对于不同产品的需求，以及对同一类产品的不同评价准则。因此，社会阶层成为决定市场细分的一个重要的变量。不同产品品种适合于不同的社会阶层细分市场。

（二）产品开发

不同社会阶层的消费者对于同一类产品的偏好和所注重的商品属性是有差异的。例如，美国电话电报公司的一项研究调查了各阶层的社会群体对电话机款式和颜色的偏好。结果发现，中产阶层的消费者对电话机的装饰性和现代感毫无兴趣，他们需要的仅是可以正常工作的电话机。而劳动阶层则非常看重电话机的不同设计和不同颜色。

（三）产品分销

不同社会阶层的消费者会显示出到不同商店购买的习惯。下层社会的消费者更喜欢在打折商店和临近的商店购物，因为他们觉得这样感觉更自在，并且能够与售货员建立起友情关系，获取更多的信息。上层社会的消费者更有可能在正规的百货公司或高档的专卖店购买商品。

（四）广告

社会阶层的价值观念可以为广告指明方向。必须让目标市场的消费者理解在广告中使用的语言和象征，否则信息沟通就会失败。因此，要了解和掌握各阶层消费者惯用的表达方式。例如，工薪阶层容易接受的是直接、带图像、具体的广告表现手法；而上层社会阶层更倾向于间接、诉诸文字、抽象的广告表现手法。

第三节　家庭与消费者行为

家庭是构成整个人类社会的基本单位，是构成社会有机体的基本细胞。人一生的绝大部分时间都是在家庭中度过的，家庭是购买、消费和处置各种产品的主体，同时也是影响消费者个体行为的一个重要社会因素，它不仅对其成员的消费观念、生活方式、消费习惯有重要影响，而且直接制约着消费支出的投向、购买决策的制定及实施。

一、家庭概述

一般认为，家庭是指以婚姻关系、血缘关系或收养关系为纽带而组成的一种社会生活组织形式或社会单位。婚姻、血缘或收养关系是构成家庭的基础。

（一）家庭类型

（1）配偶家庭，即只有一对夫妇而没有子女的家庭，如现在大城市中较为流行的丁克一族。

（2）核心家庭，即由夫妇及其未婚子女构成，如现在较为普遍的三口之家。

（3）扩展家庭，也称复合式家庭，即由核心家庭成员和其他亲属如祖父母、叔伯婶母、堂兄妹等组成的家庭，如三代同堂或四代同堂的大家庭。

（4）其他类型的家庭，如未婚兄弟姐妹组成的家庭等。

常见的家庭结构类型见表 7－2。

表 7－2　常见的家庭结构类型

家庭类型	解释
传统三口之家	父母亲加一个小孩
三代同堂家庭	具有血缘关系的三代人共同居住
夫妻二人家庭	夫妻两人，小孩不在身边
丁克家庭	高收入、无小孩的夫妇
单亲家庭	父母一方加小孩，细分类型达 5 种以上
单身家庭	只有一个人的家庭

在不同的文化下，甚至同一文化下的不同地区，占支配地位的家庭形式是有差别的。例如，在中国的城市地区，父母及其未婚子女组成的核心家庭占多数；在农村，祖父母、父母及其子女三世同堂的扩展家庭较为常见。从目前我国家庭类型的发展趋势来看，核心家庭在所有家庭中所占比重逐渐上升，因此，相应的市场研究也应以核心家庭为重点。

（二）家庭人口

家庭人口主要从以下四个方面影响家庭消费：

（1）影响产品的消费数量。家庭人口数多，产品的绝对购买量大；而家庭人口数量少，产品消费数量相对减少。

（2）影响以家庭为购买单位的商品消费数量。如电冰箱、电视机、小汽车一类的消费，主要是以家庭为消费单位。一个地区的家庭户数，决定了这类商品在该地区的消费量。因此，一个地区的家庭数目是预测大件商品消费的基本参数，当这个地区的家庭数目出现增长时，市场潜力也就相应增长。

（3）影响消费行为的决策过程。家庭人口数多，一般来说商品信息的来源比较广，相互之间可以参考消费经验。

（4）影响家庭生活水平和消费质量。在家庭收入一定的情况下，家庭人口数多，那么人均消费水平就会降低，父母为子女操劳时间长，父母的生活质量随之降低，子女的生活质量也会不同程度地下降；而家庭人口数少，家庭消费水平就会相应提高。

近年来，随着全面二孩政策的实施，我国的家庭人口及消费支出正在呈现新的特点。

知识链接 7－3

俗话说“老大照书养，老二随便养”，社会普遍的认知是二胎养育更“粗糙”。然而伴随着家庭人口规模的扩大，换房、换车需求强烈，直接推动了家庭消费的升级。据一份

2019 年的调查显示，46％的二胎家庭更注重精细化喂养，在婴儿食品、医疗保健品、早教、洗护、保险等方面比一胎花费更多。不过，也有 22％的二胎家庭认为二胎在可持续延用产品的投入缩减，如衣物、车床座椅、婴童玩具等。在购买母婴产品时，怀孕的妈妈们主要通过母婴 App、购物类 App、母婴公众号获取母婴信息。而随着直播购物的兴起，近 6 成怀孕的妈妈经常或偶尔观看直播购物，有 31％表示直播改变了其对产品原有的认知。

资料来源：《中国家庭孕育方式白皮书：“95 后”全职妈妈越来越多，二胎消费全面升级》，见 http://www.yangtse.com/zncontent/177013.html，有修改。

二、家庭的功能

家庭作为社会的基本单位，具有多重功能。其中，与消费者行为研究联系比较紧密的功能有经济功能、情感交流功能、赡养与抚养功能、家庭成员社会化功能。

（一）经济功能

在现代社会条件下，家庭的经济功能尤其是生产功能有所削弱，然而，为每一个家庭成员提供生活福利和保障，仍然是家庭的一项主要功能。传统上，丈夫是家庭的经济支柱，在家庭中也占支配性地位。而现在，越来越多的妇女参加工作，她们对家庭所做的经济贡献也越来越大。

家庭作为一个基本的消费单位，在一段时间里把家庭成员的大部分经济资源集中起来，为了共同的利益或主要为了某一家庭成员的利益而使用，这在我国是非常普遍的。个人收入集中到家庭这一层次，使那些不甚富裕的家庭也能举全家之力完成某些凭个人力量无法或短期内无法实现的购物和置业活动。

（二）情感交流功能

家庭是思想、情感交流最充分的场所。一个人在工作、生活等方面遇到困难、挫折和问题，能够从家庭得到安慰、鼓励和帮助。家庭成员之间的亲密交往和情感交流，是建立在亲缘关系的基石上的，具有较为坚实的基础。在现代竞争日益激烈的社会里，人们对获得家庭的关爱有更强烈的要求。然而，由于生活节奏的加快和大多数家庭夫妻双双外出工作，家庭成员之间尤其是父母与子女之间的沟通常常由于时间的匮乏而面临考验。

❖实例链接 7－2

2012 年多家媒体报道了这样一则新闻：一次家庭聚餐上，年迈的祖父多次想和孙子孙女说说话，但孙辈人人手中一部手机，聊天、玩游戏、刷微博；不堪被冷落的老人扔下一句“你们就和手机过吧”，摔盘离席。虽然少数 60 多岁的老年人现在也养成了玩手机的习惯，但毕竟是少数。对此，有专家表示：“老人是信息时代的滞后者，更习惯于人际交流和面对面的互动，年轻人应多考虑老年人的实际感受和空巢社会的现实，珍惜工作之余的有限时间，与老人进行工作、生活及其他各方面的交流。”

（三）赡养与抚养功能

当子女还没有独立生活能力的时候，父母负有抚养他们的责任和义务，否则他们就无法生存，人类也就不能延续。同样，当父母老了，丧失了劳动能力，子女也负有赡养老人的义务。家庭的这类功能，将随着社会保障制度的完善部分地由社会承担，但它不可能完全外移。

（四）家庭成员社会化功能

家庭成员的社会化尤其是儿童的社会化，是家庭的核心功能。每个人从呱呱坠地开始，就开始了他的社会化过程，这个过程大部分是在家庭中完成的。孩子通过接受父母的教育，或通过模仿大人的行为，获得了待人接物、适应社会的各种观念、规范、技巧和行为方式。儿童时期所习得的行为、观念，对人的一生都将产生深刻的影响，因此，家庭所履行的社会化功能，对个人的成长是非常关键的。

成年人同样面临社会化的问题。例如，新婚夫妇建立起单独的家庭，就需要在生活和消费上做出调整，这本身就构成其社会化过程的一部分。同样，当一对夫妇步入退休年龄，他们面临很多需要学习的消费问题。因此，现在一般的观点认为，社会化过程开始于儿童期，但贯穿于人的一生。

三、家庭生命周期

大多数家庭都会经历结婚成家、生儿育女、儿女成人自立门户、夫妻退休、丧偶等变化，家庭发展过程中所经历的这一系列不同阶段被称为家庭生命周期（Family Life Cycle，FLC）。

对于营销人员来讲，家庭生命周期分析是一种重要的战略工具，他们可以根据各个家庭单位所处的生命周期阶段细分家庭市场（将家庭作为一个购买单位）。传统的家庭生命周期是大多数家庭都要经历的一系列的阶段，它从单身期开始，依次经历婚姻（基本的家庭单位的建立）、家庭成长（伴随着孩子的出生）、家庭收缩（成年的孩子离开家庭）等几个重要阶段，最后以基本单位的解体（配偶之一死亡）而结束。尽管不同的研究划分的家庭生命周期阶段不尽相同，但许多传统的家庭生命周期模型都可以综合成 5 个基本阶段，即单身阶段、新婚阶段、满巢阶段、空巢阶段、解体阶段。

（一）单身阶段

单身阶段由年轻的离开父母独立生活的单身成人所构成。处于这一阶段的大多数成员都有全职的工作，也有部分是已离开父母住所的在校大学生。目前，随着结婚年龄的推迟，这一群体的数量正在增加。这些单身成人倾向于将收入花费在房租、基本的家具电器的购买、旅行、娱乐以及服装和饰品的购买等方面。单身阶段的消费者经常有足够的可支配收入用以消费。许多产品或服务的目标市场就是这个群体。在许多大城市，旅行社、租房中介、健身俱乐部以及许多其他产品和服务的营销者，都发现这一生命周期阶段是一个赚钱的目标市场。

（二）新婚阶段

新婚阶段是从新婚夫妇正式组建家庭开始，直到他们的第一个孩子出生为止的这一段时间。在这一阶段，夫妻双方都需要做出调整以适应他们婚后的生活。由于许多年轻的夫妇双方都有工作，他们的共同收入往往允许他们去寻求一种愉快的生活方式。因为刚组建新家庭，他们会有大量的购买活动。大小家电、起居室和卧室家具、床上用品、地毯、装饰品、厨具、碗碟等，都是他们的购买对象。这类家庭大部分拥有两份收入，相对于其他群体较为富裕。他们是演出门票、昂贵服饰、高档家具、餐馆饮食、奢侈度假等产品和服务的重要市场。

（三）满巢阶段

从第一个孩子出生，到所有孩子长大成人并离开父母，这一阶段被称为满巢阶段。由于这一阶段持续时间很长，一般超过 20 年，所以一些研究人员根据孩子的年龄将它进一步分为满巢Ⅰ、满巢Ⅱ和满巢Ⅲ。

满巢Ⅰ是指由年幼（6 岁以下）小孩和年轻夫妇组成的家庭。第一个孩子的出生常常会给家庭生活方式和消费方式带来很多变化。例如，处在这一阶段的家庭需要购买婴儿食品、婴儿服装、玩具等很多与小孩有关的产品。同时，在度假、用餐和家具布置等方面也要考虑小孩的需要。此外，如果妻子停止工作在家哺乳和照看小孩，家庭的收入则会随之减少。如果请祖父母或外祖父母照看小孩，或者请保姆打理家务，由于住户成员的增加，在生活起居、家庭购买等方面也会发生一些变化。

满巢Ⅱ是指最小的孩子已在小学或中学念书的家庭。因为孩子不用大人在家里照看，夫妻中原来专门在家里看护孩子的一方也已重新工作，这样，家庭经济状况得到改善。在我国，这一阶段的家庭活动基本上是以孩子为中心。家庭不仅要为孩子准备衣、食、住、行等方面的各种物品，而且还要带孩子参加各种课外学习班，购置诸如钢琴、小提琴之类的乐器。

满巢Ⅲ是指年纪较大的夫妇和他们仍没有完全独立的孩子所组成的家庭。在这一阶段，小孩中有的已经工作，家庭财务压力相对减轻。由于妻子重新参加工作，加之有职业的子女也能不时贴补家用，所以家庭财政状况好转，往往会更新一些耐用消费品，购买一些新潮的家具，参加健身俱乐部、购买体育器材、到餐馆用餐等方面的花费也会增多。

（四）空巢阶段

空巢阶段始于孩子不再依赖父母，不与父母同住，这一阶段延续的时间也比较长。一些父母会因孩子不在身边而产生落寞感，而对另外一些父母来说这可能是一种“新生”、一种“解脱”。很多父母可以做他们以前想做却由于孩子的拖累而无法做的一些事情。例如，对于母亲来说，这个时期她可以接受继续教育、进入或重新进入就业市场、培养新的兴趣等；对于父亲来说，他可以沉溺于新的嗜好；对于父母双方来说，他们可以共同去旅游、娱乐，重新装修他们的居室，或者干脆卖掉旧房屋再买一所更好的住宅。

这一阶段可能是已婚夫妇在财政上最宽裕的时期。与过去相比，现在的空巢期夫妇一般享有更多的闲暇时间。他们更频繁地旅行，度更长的假期。由于拥有储蓄和投资以及花费减少（不再需要还房贷和支付子女的学费），他们的可支配收入也较多。所以，处于空巢阶段的家庭是奢侈品、汽车、昂贵家具以及远距离度假等产品或服务的一个重要市场。

（五）解体阶段

当夫妻中的一方过世，家庭便进入解体阶段。如果在世的一方身体尚好，有工作或有足够的储蓄，并有朋友和亲戚的支持和关照，家庭生活的调整就比较容易。由于收入来源减少，此时在世的一方采用了一种更加节俭的生活方式。他们中的许多人开始从家庭之外寻求朋友关系，或者开始第二次（甚至第三次、第四次）婚姻。处于这一阶段的家庭会有一些特殊的需要，如更多的社会关爱和照看等。

四、家庭购买决策

要理解家庭购买决策过程，必须分析家庭成员在购买决策中的相互作用关系。广告心理学家 H. L. 戴维斯（H. L. Davis）和 B. P. 利高克斯（B. P. Rigaux）根据夫妻在购买决策过程中的相互作用关系，区分出以下四种家庭购买决策方式：

（1）自主决策，即对于不太重要的购买，由丈夫或妻子各自独立做出购买决定。

（2）丈夫主导决策，即在决定购买什么的问题上，丈夫起主导作用。

（3）妻子主导决策，即在决定购买什么的问题上，妻子起主导作用。

（4）共同决策，即丈夫和妻子共同做出购买决定。

在具体购买活动中，夫妻购买决策的形式会因商品性质的不同而有所不同。戴维斯和利高克斯发现，人寿保险的购买通常属于丈夫主导决策；度假、孩子上学、购买和装修住宅多由夫妻共同做出决定；清洁用品、厨具和食品的购买基本上是妻子做主；而像饮料、花园用品等产品的购买一般是由夫妻各自自主做出决定。他们的研究还发现，越是进入购买决策的后期，家庭成员越倾向于共同决策。

戴维斯和利高克斯的研究对象是 20 世纪 70 年代的欧洲家庭，其结论不一定适合我国的情况，但它至少提示我们应当开展类似的研究。例如，有人曾对天津市微波炉的家庭购买决策进行了调查，该调查发现，在购买微波炉的过程中，妻子是主要倡议者，而丈夫是主要的信息搜索者，并且主要由夫妻一起最后决定购买。类似的研究对于营销决策是有启发意义的。

❖实例链接 7－3

近几年，女性主导买房的情形越来越普遍。售楼部的销售人员都很清楚，女客户满意了，这笔单子才可能谈得成，毕竟女人才是居家过日子的核心人物。所以，在售楼部里，女性受到的接待很多时候比男性更周到。某楼盘的一位销售人员对此深有感触。几年前，他刚进入房地产销售领域时，夫妻俩买房大多是以男性为主导，妻子只提供一些参考意见，更多的精力是照看孩子而不是看沙盘。但近两年的状况则明显发生了转变，女性参与决策的比重是越来越大，有的甚至处于主导地位，男性反而乐得清闲，在一边休息。从目前住宅的设计、功能布局来看，房地产商也在不断迎合女性的喜好，注重对女性需求的挖掘。

资料来源：李桁．女性在买房决策中占主导地位，开发商更加重视女性需求．北京青年报，2018-03-08．有修改。

本章小结

1．参照群体是指对个人的行为、态度、价值观等有直接或间接影响的群体，该群体的看法和价值观被个体作为当前的行为基础。参照群体按照成员的身份可以划分为成员群体和非成员群体。参照群体对消费者的影响主要表现为三种形式：信息性影响、规范性影响、认同性影响。在市场营销中，不同的参照群体可以产生名人效应、专家效应、普通人效应和高层管理者效应。

2. 社会阶层是在一个社会中具有相对的同质性和稳定性的群体，他们按等级排列，每个阶层的成员具有类似的价值观、兴趣爱好和行为方式。不同社会阶层消费者的行为差异表现为支出模式上的差异、休闲活动上的差异、信息获取和处理上的差异以及购物方式的差异。社会阶层划分可以指导企业制定营销策略。

3. 家庭是一种基本的社会群体，它由具有婚姻关系、血缘关系和收养关系的人所组成。随着时间的推移，家庭会经历各种不同的阶段，家庭消费需求将呈现不同的特点。根据夫妻在购买决策过程中的相互作用关系，可以区分出四种家庭购买决策方式。

关键概念

参照群体　社会阶层　信息性影响　规范性影响　认同性影响　家庭　家庭生命周期

思考与训练

一、复习思考题

1. 参照群体对消费者的影响方式有哪几种？
2. 决定参照群体影响强度的因素有哪些？
3. 参照群体概念在营销中有哪些应用？
4. 社会阶层的特点有哪些？
5. 不同社会阶层消费者的行为差异主要表现在哪些方面？
6. 家庭有哪些社会功能？
7. 什么是家庭生命周期？传统的家庭生命周期包括哪些阶段？
8. 家庭购买决策有哪些类型？

二、实训题

1. 你认为哪位名人最适合做小米手机的代言人？为什么？

2. 以你家里的购买决策为例，分别列举出一个由你父母分别自主决策、父亲主导决策、母亲主导决策、父母共同决策的例子。

3. 在家里的哪些购买决策中，你发挥了重要作用？你认为这对于企业的营销策略制定有何启示？

三、案例分析题

阅读下面的案例，并完成讨论。

全面二孩政策自2016年1月1日实施后，二孩家庭越来越多，围绕吃、穿、住、用、行、教育等产生一系列新的消费需求，家庭消费支出总量增加，特别是在母婴用品、家政服务、儿童娱乐、教育培训等方面的消费增长明显。

“纸尿裤、奶粉、婴儿洗衣液、宝宝面霜、小衣服、小鞋子……”黑龙江哈尔滨的银行员工张瑜在刚刚过去的“双11”购物狂欢节抓紧时间给刚满1岁的二孩“囤货”。

生个孩子不是“添双筷子”那么简单，需要家庭具有一定的经济能力。“自从有了二宝以后家庭开销更大了。两个孩子我自己带不过来，请了一位保姆，每月4 000多元，节假日加班还要给加班费。二宝目前主要花销集中在奶粉和婴儿用品，平均每个月两三千元。给二宝报了个早教班，办卡花了1万多元。”张瑜说。

“全面二孩政策实施三年多来，二孩家庭不断增加，幼儿数量的增加和人口结构的变化将对居民家庭消费水平和消费结构产生深刻影响。”商务部研究院国际市场研究所副主任许英明说，“从消费水平来看，虽然受到家庭收入水平的约束，但总体上二孩生育使得家庭消费支出总量增加。从消费结构来看，二孩家庭在母婴用品、家政服务、儿童娱乐、教育培训等方面的消费增长明显。”

随着全面二孩政策红利的释放，母婴行业表现出强劲的增长。2019年的“双11”购物狂欢节，天猫平台上婴童特殊配方奶粉销售额同比增长115%，婴幼儿液态奶同比增长136%，孕产修复仪同比增长256%，童装儿童旗袍/唐装/民族服装同比增长181%。

此外，现在的父母更愿意为孩子购买优质产品。第一财经商业数据中心发布的报告显示，在消费升级的大背景下，高端、超高端奶粉的线上市场规模持续增长，其中婴幼儿液态奶、羊奶粉、有机奶粉等高端品类发展空间较大。此外，以果泥、泡芙、肉松等品类为代表的婴幼儿辅食也表现出较好的发展潜力；而防泻抗敏的特殊配方奶粉，以及含有DHA、核桃油、益生菌、维生素等营养元素奶粉的市场需求也十分旺盛。

随着二孩家庭的增多，酒店住宿、旅游服务等行业也有很大潜力可挖。“旅行社的产品往往只有粗略的‘亲子游’，却很少有针对二孩家庭的产品。”江苏苏州高校教师童小雨说，“其实一孩家庭出游和二孩家庭出游的需求还是有很大差别的，很多旅游产品无法满足我们二孩家庭的需要。一些酒店客房无法加床、第四人的早餐需要单独按照成人标准付费，一些景区的家庭套票只接受‘两大一小’，一些航空公司机票需拆分预订，一些主题乐园适合大宝玩，却没有适合二宝年龄的设施。当两个娃的妈已经很累了，出去玩想放松一下，这些出行的细节如果旅行社都能帮忙搞定就好了。”

《2018携程酒店亲子房白皮书》显示，亲子用户中二孩家庭的占比高达近20%，并且二孩家庭订单增速更快，二孩家庭对高星级酒店的需求更大，儿童娱乐设施、独立床铺、洗漱用品的需求都要高于一孩家庭，当前住宿设施的供给结构和消费需求出现了一些错位。

资料来源：林丽鹂．二孩家庭增多带来新商机：消费需求大、领域新、总量增．人民网——人民日报．http://travel.people.com.cn/n1/2019/1127/c41570-31476231.html．有删减。

讨论：

1．结合案例中的信息，你认为，二孩家庭与一孩家庭相比，除了支出总量增加，在家庭消费上还会有哪些不同？

2．如果你是一家酒店的管理人员，面对二孩家庭的入住需求，你会如何对酒店的服务进行调整？

即测即评

测评试题

第八章

文化、经济环境与消费者行为

——探究影响消费者行为的外部因素（二）

通过本章的学习，读者应了解和掌握：

- 文化的含义及特征；
- 文化价值观的概念及构成；
- 文化对消费者行为的影响；
- 亚文化群对消费者行为的影响；
- 经济因素对消费者行为的影响。

导入案例

“杀马特”一词源于英文单词smart，可以译为时尚的、聪明的，在中国却代表着完全相反的意思。“杀马特”不论男女，大部分留着五颜六色的长发，画着很浓的妆，穿一些很个性的服装，戴着稀奇古怪的首饰。他们喜欢自拍，在网吧的摄像头前做些奇怪的动作，自称是“一个集潮流、视觉、非主流为一系的群体”。他们大多没有什么谋生技能，在大城市做收入很低的工作，常常流连在中国大城市社会底层的小理发店、烟雾缭绕的网吧或者路边摊，与围绕他们的亮堂堂的办公大楼和奢华百货中心格格不入。

与“杀马特”迥然相异的是近些年持续流行的“小清新”之风。“小清新”以接受过大学教育或正在接受大学教育的女生为主。在生活方式上，她们喜欢在微博上或朋友圈发状态、发美食照片，养宠物狗；喜欢旅游，鼓浪屿、丽江，以及境外特别是韩日欧是她们心中的圣地；村上春树、安妮宝贝是她们的文化偶像。她们看不上“杀马特”，也不喜欢愤世嫉俗的“愤青”，会时不时地装个萌、发个嗲。

同样都是年轻人，“杀马特”与“小清新”代表着不同的文化，也意味着不同的生活方式。

第一节 文化与消费者行为

作为宏观环境的重要组成部分，文化对消费者行为的影响是非常深远的。人们经常购买某些产品，与其说是因为它们的用途，不如说是因为它们的意义。对于消费的选择，如果不考虑其文化背景，有时简直无法理解。因此，只有对文化及其对消费者行为的影响有所了解，才能有效地开展营销活动。

一、文化概述

对文化的理解有广义和狭义之分。广义的文化指人类创造的一切物质财富和精神财富的总和；狭义的文化指人类精神活动所创造的成果，如哲学、宗教、科学、艺术、道德等。在消费者行为研究中，研究者主要关心文化对消费者行为的影响，我们将文化定义为：文化是由一个社会群体里影响人们行为的态度、信念、价值观、规范、风俗、习惯等构成的复合体。

归纳起来，文化具有如下特点。

（一）文化是习得的

文化不像先天的生理特征（如性别、皮肤、发色或智力水平），它是可以习得的。我们从小就开始从社会环境中习得一系列的信念、价值观和风俗，也正是这些信念、价值观和风俗构成了我们的文化。学习有以下两种类型：

（1）“文化继承”，即继承本民族或群体历史积淀下来的价值观、风俗、习惯等。这种继承可能是因为受到长辈的行为思想的影响而形成了相似的观念，也可能是正规的教育中推崇的或是一直以来为社会群体所接受的价值观。例如，受中国传统儒家文化的影响，中庸、忍让、谦恭的文化内涵是一种重要甚至主要的民族文化心态，小孩见到父辈都是谦恭礼让的，而且在学校里这样的学生会受到老师和同学们的赞扬，教师在课堂上也一直灌输这种思想，在这种环境中长大的孩子就会在无形之中具备了这种素质。

（2）“文化移入”，即学习外来新文化。在一个民族（或群体）文化的演变和发展过程中，很大程度上要学习、融进其他民族（或群体）的文化内容。

（二）文化是动态的

文化不是静止不变的，而是不断变化的。例如，当一个组织或社会面对新的危机或挑战时，该组织或社会的文化往往会受到冲击，从而使其发生变化。几十年前，在中国人的文化意识中，节省时间的观念并不重要，追求悠闲、享乐、安逸、舒适是许多人的信念。但近些年来，随着商品经济的发展和工业化程度的不断提高，人们越来越关心如何节省时间和如何使生活过得更有成效。在节省时间和提高效率的新观念下，更多的人开始接受方便、省时的产品和服务（如速溶饮料、快餐食品、快速加热设备、快递等）。营销人员一方面应该了解目标市场现有的文化特征，另一方面还要了解正在出现的新的文化价值观。

（三）文化是共享的

文化是特定社会群体的成员所共同具有的。特殊的信念、价值观或惯例必须被社会中大部分成员所共享才能被认为是文化的特征，因此，文化常被看作将社会成员联系在一起的群体习俗。由于文化具有共享性，因此，同一文化下的人们会具有相同的价值观、信念与生活方式。以不同民族为例，每个民族在其繁衍和发展中都会形成独特的语言、传统与生活方式。例如，英国文化的典型特征是经验的、现实主义的，由此导致英国人重视经验，保持传统，讲求实际。法国文化则是崇尚理性的，法国人更喜欢能够象征人的个性、反映人精神意念的东西。

（四）文化是无形的

文化对消费者行为的影响和引导就像一只“看不见的手”。文化对人们的影响是自然而然的，也是自动的，因此，人们根据一定文化所采取的行动通常被看作是理所当然的。例如，当研究人员问消费者为什么他们要做某件事时，消费者通常会回答：“因为这是正确的事情。”这一回答表面上看来似乎是肤浅的，但它却反映了文化对人们行为的深刻影响。通常只有当我们接触具有不同文化价值观和习惯的人们的时候（如访问不同地区和国家时），我们才能真正感受到文化是如何影响人们行为的。因此，要了解文化对人们日常生活的影响，就需要了解不同社会所具有的不同文化特征。

（五）文化是规范性的

文化主要是通过为个体设置规范，通过影响家庭、大众媒体而发挥功能。规范源于社会价值观，是关于特定情境下人们应当或不应当做出某些行为的规则，它可以防范在该文化下社会成员可能发生的偏差行为，并对该文化下的社会成员产生某种程度的约束力。违反这种规范将受到某种形式的惩罚。例如，中国文化重视家庭与孝道，对父母忤逆不敬的行为会受到社会舆论的谴责。文化价值观对消费方式的影响过程如图 8－1 所示。

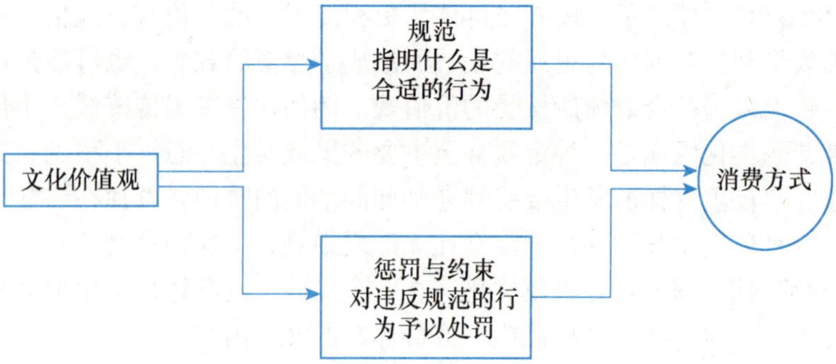

图 8－1　文化价值观对消费方式的影响过程

二、文化价值观

文化价值观是关于理想的最终状态和行为方式的持久信念，它代表着一个社会或群体对理想的最终状态和行为方式的某种共同看法。因此，文化价值观为社会成员提供了关于什么是重要的、什么是正确的以及人们应该追求一个什么样的最终状态的共同信念。它是人们用于指导其行为、态度和判断的标准，而人们对于特定事物的态度一般也是反映和支持他的价值观的。因此，研究一定社会文化对消费者行为的影响，最重要的就是研究文化价值观的影响。

杰尔特·霍夫斯泰德（Geert Hofstede）通过对 66 个国家约 9 万人进行调查，发现这些国家之间文化价值观的差异主要可以用四个指标来衡量，即个人主义/集体主义指数、权力距离指数、不确定性规避指数和男性化/女性化指数。

（一）个人主义/集体主义指数

这一指数指的是有利于自我利益的行为取向。个人主义指数较高的文化反映的是一种以“自我”为中心的思维，通常对个人进取心加以鼓励，强调的是个人主义；而个人主义指数较低的文化反映的则是一种以“我们”为中心的思维，个人一般服从集体，强调的是集体主义。个人主义存在于关系比较松散的社会之中，在这样的社会中，每个人都必须照料自己和家庭；而集体主义则存在于人们生来就融入的、具有很强凝聚力的团体社会，只要人们对团体保持忠诚，团体就会持续地提供保护。

（二）权力距离指数

这一指数指的是人们对社会不平等也就是在某一社会制度中上下级间的权力不平等的容忍度。权力距离指数高的文化往往等级森严，社会成员将社会角色和家庭出身等视为权势和社会地位的源泉。而在权力距离指数较低的文化中，人们通常更加重视平等，将知识和尊重视为权势的源泉。较高的权力距离指数一般反映了人们对上下级之间差距的认可，认为掌握权势的人理应享有特权；而较低的权力距离指数则反映了更为平等的观点。在中国，人们对于面子的重视反映了中国人的地位和等级取向，由此也引发了一系列的面子消费。

知识链接 8-1

“面子”是一个大家耳熟能详的词，但什么是面子呢？遗憾的是还没有一个公认的、统一的定义。胡先缙（1944）提出，中国人对如何获得声誉存在着“脸”和“面子”两组标准。其中，“脸”是通过个人的道德品格完善而赢得的他人的尊敬；“面子”是指经由个人的努力、成功、夸耀等而获得的声誉。Goffman（1955）认为，面子是个体通过与他人的互动而得到确认的一种积极的自我形象，并且它是依据社会认可的态度和标准、通过美化自己所获得的，反映了个体在职业或德行上的优越性。

（三）不确定性规避指数

这一指数指的是社会成员对于模棱两可或不确定性的容忍程度。不确定性规避指数较高的文化常常难以忍受不确定性，因此会对新思想或新行为持怀疑态度，人们的焦虑感较强，甚至抱残守缺，死守旧规范不放。在这种文化中，会存在很多正式的规则和法规，供人们回避风险。不确定性规避指数较低的文化对于新思想和不同的观点较为容忍，人们的焦虑程度较低，一般也乐于冒险，正式的规则和法规也相对较少。

知识链接 8-2

美国的个人主义指数较高，达到 91，而日本的这一指数较低，只有 46。根据这一指数，我们可以预测，在个人主义至上的美国，独自坐在电脑前进行股票投资的行为会受欢迎；而在日本，由于文化价值观强调集体主义，人们更喜欢与邻居和股票经纪人面对面进行交谈，而不是进行缺乏人情味的电子交流。

在不确定性规避指数方面，日本的数值很高，达到92，而美国却很低，只有46。根据这些数值，我们可以预料日本的投资者不太愿意在股票市场进行投资冒险，而实际上，他们也确实更喜欢安全的邮政储蓄和银行活期存款。

资料来源：［美］菲利普·R. 凯特奥拉，等. 国际市场营销学：第17版. 赵银德，等译. 北京：机械工业出版社，2017：340-341.

（四）男性化/女性化指数

这一指数指的是一个社会是倾向于男性的性别角色还是女性的性别角色。在男性化指数较高的文化中，男性角色被认为高于女性，男性往往扮演着专断的角色，而女性则扮演着服从的角色。从市场的角度来看，男性化指数较高的社会中，主流的价值是金钱、成功与物质。相反，在男性化指数较低的文化中，女性的角色被认为高于男性，市场的主流价值是强调生活的品质、环境保护和帮助别人。

文化价值观的上述四个衡量指标可以用于预测消费者对某些产品或服务的偏好程度。当然，在不同文化背景下，各个国家和各个民族的文化价值观又有其特殊之处。

知识链接 8-3

有着数千年历史文化的中华民族在哲学观、价值观、认知观、思维方式、处世方式、生活态度、民俗风情等方面都不同于西方人，对中国消费者行为影响最大的文化价值观有：

（1）以“根”为本的文化——重家、族、国；生命血统延续；望子成龙、光宗耀祖、投资子孙。

（2）中庸文化——阴阳平衡的行为导向；不过为好；福祸相依。

（3）关系文化——礼尚往来，来而不往非礼也。

（4）和文化——和谐、和气、和睦、和平、和满、和为贵；天时地利人和。

（5）面子与从众——有脸有面；群体舆论。

（6）地位与礼——孔子强调举止行为与地位要一致。

另外，西方文化偏个人导向，东方文化偏集体导向。影响消费者行为的个人因素和群体因素相比，西方消费者受个人因素影响更大，中国消费者受群体因素影响更大。

三、文化对消费者行为的影响

文化与消费者行为的关系是一种双向影响的关系。一方面，某种产品与消费者所处的文化愈是兼容，就愈有可能被消费者所接受。另一方面，产品本身也可以塑造文化，很多新产品的上市会引发新的生活方式和产生新的文化形态，如个人电脑的发明和上市已经给人类的生活与文化带来巨大的冲击，我们的生活方式和文化的各个层面因它的出现而发生了改变。

文化对于消费者行为的影响是遍及各个层面的，文化会影响消费者购买过程的各个阶段。典型的消费者购买行为过程一般可分为五个阶段：认识问题、搜集信息、判断选择、购买决策和购后评价。下面简要阐述文化对这五个阶段的影响。

（一）认识问题阶段

即消费者察觉到了要解决的问题，产生了对产品的需要。在不同的社会文化背景下，有的需要被肯定和强化，有的需要则被贬抑或压制。例如东方文化一般较“安土重迁”，东方文化下的消费者对于住房的拥有需要会比西方文化下的消费者更为强烈。

（二）搜集信息阶段

文化背景不同，人们对各种信息来源的依赖和信任程度将会不同。以旅游为例，西方的消费者会倾向于向旅行社取得较多的旅游信息，中国的消费者则将亲朋好友当作一个重要的旅游信息来源。

（三）判断选择阶段

在本阶段，消费者将采用一定的信息评价程序，对不同的品牌进行评价和选择。这一评价选择过程会在诸多方面受到消费者文化价值观的影响和制约。例如在餐厅选择上，西方的消费者多认为餐厅的气氛的重要性远胜于食物的味道；而我国一些消费者则可能把食物的味道置于餐厅气氛、卫生条件之上。

（四）购买决策阶段

购买决策的最后确定，除了受消费者自己的喜好影响外，还受到其他因素如他人的态度、购买力变化、支付方式等的影响，文化价值观在此期间也会产生一定的影响。

（五）购后评价阶段

文化价值观将会影响消费者购后评价的方式。例如文化会影响消费者对于不满意的抱怨方式。当美国的消费者碰到消费不满意时，一般会比中国的消费者勇于抱怨。中国人“息事宁人”的观念往往使他们采取默默承受的抱怨处理方式。另外，文化价值观还会影响消费者的产品使用与消费。例如日本食物中海鲜占很大比例就是受文化的影响所形成的。文化价值观也会影响消费者对于产品的处置。例如，美国的消费者习惯在周末去逛跳蚤市场，或是将用不着的物品出售，而中国的消费者往往没有这样的习惯。

了解文化对于消费者和消费者行为各个层面所可能产生的影响，是营销人员工作中一个无法规避的重要内容，只有了解了消费者所处的文化，才能掌握消费者行为的购买决策。

◈实例链接 8-1

麦当劳曾经致力于在全球范围内提供统一的产品和服务，现在它在一些国家对其产品进行了调整，以迎合当地的文化及顾客的口味。例如，在日本提供的汉堡加上了煎鸡蛋，在泰国则提供甜且略带熏味的猪肉汉堡。不过，麦当劳所做的最大的调整是在第一次进入印度时，它没有提供在其他市场的全牛肉“巨无霸”，而是用有羊肉的 Maharaja Mac 替代。

第二节 亚文化与消费者行为

一、亚文化概述

亚文化是文化的细分，也是文化的组成部分。通常情况下，一个国家或社会的文化并不是整齐划一的，根据人口特征、地理位置、政治信仰、宗教信仰、国家和伦理背景等，可以将一个文化划分成若干个亚文化。若干个社会成员因民族、职业、地域等方面具有某些共同特性，通常具有共同的价值观念、生活习惯和态度倾向，从而组成一定的社会群体或集团，这个社会群体或集团拥有的附属文化就称为亚文化。

由于每个社会成员都生存和归属于不同的群体或集团中，因此，亚文化对人们的心理和行为的影响比文化更为具体与直接。例如：中产阶级因收入水平、从事职业及受教育程度的相近，故在消费观念、消费倾向和消费方式上表现出较大的相似性和某些共同特征，因此，中产阶级消费者在住房、生活社区、子女就读的学校、汽车、购物场所、商品品牌等选择上往往自然地就带有了本亚文化群的鲜明特色。

总体来看，亚文化群体具有如下特点：

（1）每一个亚文化群都以一个社会子群体出现与存在，并且它们都有各自独特的文化准则和行为规范；

（2）亚文化群划分的依据是多种多样的，并且可以互相交叉；

（3）按照相同的标准划分，不同亚文化群之间在消费行为上有明显的差异；

（4）每个亚文化群都会影响和制约本群体内各个消费者的个体消费行为；

（5）每个亚文化群还可以按照更细的标准细分为若干个子亚文化群。

消费者行为不仅带有某一社会文化、社会阶层的基本特征，而且还具有所属亚文化的特征。与前者相比，亚文化往往更易于识别、界定和描述。因此，研究亚文化的特征及对消费行为的影响，可以为企业划分细分市场以及选择目标市场提供更为有效的依据。

二、几种主要的亚文化群体

亚文化群体通常可以按年龄、宗教信仰、收入水平以及性别等因素来划分，见表8-1。按亚文化群体的划分，又可将消费者划分为不同的消费群体。

表8-1 亚文化群体类型

人口统计指标	亚文化群体举例
年龄	儿童，青年，中年，老年
宗教信仰	佛教徒，天主教徒

续表

人口统计指标	亚文化群体举例
民族	汉族，满族，回族，维吾尔族
收入水平	贫困阶层，温饱阶层，小康阶层
性别	男性，女性
家庭类型	单亲家庭，离异无子女家庭，双亲有子女家庭
地理位置	东南沿海，西部地区，中原地区
社区	农村，小城市，大都市

以上的分类并不是绝对的，某一社会成员同时可以从属于两个或多个亚文化群体，具有不同的亚文化群的行为特征。如一个人可以同时属于青年、汉族、高薪阶层、东南沿海等几个亚文化群体。对亚文化进行划分的目的在于更好地进行市场细分工作，针对具有某些共同特征的亚文化群体开展营销，同时，市场营销工作人员也可以根据实际情况对某些亚文化群体指标加以组合，从而划分出更多的亚文化群。以下简要介绍几种主要的亚文化群。

（一）性别亚文化群

性别角色富有重要的文化内涵，因此将性别作为一个亚文化类别来掌握是十分必要的。每个社会总会将某些特征与角色分配给男性而把另外一些特征与角色分配给女性，所以，根据消费者性别的不同，可以把消费者分为男性消费者与女性消费者，与其对应的就是男性亚文化群与女性亚文化群。两大消费者群的消费者在消费偏好、审美标准、购买方式、购买时机、购买习惯等方面都有明显的不同。关于这方面的内容，可参见本书对男女消费群体的介绍。

（二）年龄亚文化群

除了将性别作为亚文化群体划分依据以外，年龄也可以作为一个重要的划分依据。为什么要把不同年龄阶段的人群看作一个特定的亚文化群体呢？这一点也不难理解。一个年轻人与一个老年人需求的东西明显不同，如现在的年轻人多倾向于听流行音乐、看电影、穿名牌服装；但是老年人却无法接受这些时尚前卫的东西，他们往往还习惯于听传统的戏剧、听收音机、穿布鞋等。

正如前文所述，消费者的年龄不同，其生理机能和心理活动也不同，因而其购买行为也表现出不同的特点。按照因年龄不同而表现出来的不同特点，消费者可以分为以下几个亚文化群体：少年儿童群体、青年群体、中年群体与老年群体。关于这方面的内容，可参见本书对不同年龄消费群体的介绍。

（三）地区亚文化群

中国是一个地域广阔的国家，人口众多且分布广。按照传统地理的划分，中国区域通常划分为华北、华中、华南、东北、西南、西北等地区，不同的地区在历史演变过程中就形成了独特的地区亚文化。地区亚文化的形成往往和当地的历史传统与文化传统密切相关，不同地区由于受不同自然环境和社会环境的制约和影响，会形成不同的地区文化特征，必然对产品生产的取材、设计加工、款式造型、包装装潢以及消费习惯产生深刻影响，形成带有浓厚地区文化色彩的消费心理。

在消费观念上，南方比北方要开放一些，而北方又比西部开放一些。一些新潮的服饰、生活用品，往往是从南方地区向北方地区渗透，最后扩散到西部地区，因此形成了不同的地区消费观念，如广州人经济、有个性，上海人新潮、优雅，北京人庄重、大方，大连人时髦、追求高档。在消费方式上，广州人似乎更注重生活上的舒适，对生活用品的选购比较讲究，上海人把吃看得更为重要，大连人在穿着上的支出比重较高。

（四）民族亚文化群

世界上大多数国家都不是由单一民族构成的，例如我国除汉族以外，还有满族、回族、藏族等 55 个少数民族，美国人也分为英裔、西班牙裔、亚裔、印第安人等。各个民族在历史的演变过程中逐渐形成了独特的风俗习惯以及生活方式，这些也就是民族亚文化的表现形式。民族亚文化是以历史渊源为基础的，既具有主文化的总体特征，又有自身比较稳定的以观念、信仰、语言文字、生活方式等形式表现出来的区别于其他群体的特征。

民族亚文化也影响着其社会成员的消费行为。以我国各民族的饮食习惯为例，汉族的主食是大米和面制品；蒙古族则以牛羊肉和奶制品为主食。

第三节　经济因素与消费者行为

经济因素与社会环境因素、文化因素同是影响消费者行为的基本因素。经济因素包括外在经济因素与内在经济因素两个方面。

一、外在经济因素

外在经济因素是指消费者需求对象的经济特征以及消费者所处的外在经济状态，包括产品价格、需求价格弹性、经济周期等因素。

（一）产品价格

消费者对某种产品的购买行为，首先要受到该产品价格的影响。按照经济学的原理，一般来说，消费者对某种产品的需求量与这种产品的价格存在反向关系。也就是说，当产品价格上升时，消费者就会减少该产品的购买数量，或者选择购买其替代品；当产品价格下降时，消费者在通常情况下会购买更多的该种产品。

需要注意的是，上述产品价格与消费者需求量之间的反向关系有一个前提条件，就是假设其他条件不变。当其他条件变化时，这种反向关系可能不成立。具体来说，其他条件包括以下几个方面：

（1）消费者的收入。如果消费者的收入显著增加，那么即使某种产品的价格上升，消费者的需求量可能仍会保持不变甚至会增加。

（2）消费者的偏好。如果消费者对某种产品的兴趣比过去提高，那么即使该产品的价格上升，消费者的需求数量仍有可能会增加。

（3）互补产品的价格。有些产品之间存在互补关系，如家用轿车与轮胎、电脑与鼠标等。如果家用轿车的价格大幅降价，而轮胎的价格上升，消费者对轮胎的需求量仍然可能会增加。这是因为轿车价格的下降会导致人们购买更多的轿车，虽然轮胎的价格上升了，但由于维修等方面的需要，轮胎的销售量仍然会增加。

（二）需求价格弹性

需求价格弹性表示在一定时期内一种产品的需求量的相对变动对于该产品价格相对变动的反应程度。一些产品或服务如电力、医疗、食品即使价格大幅度变化，对它们的需求量也产生不了明显的影响，也就是说这些产品或服务的需求弹性很小，或者说缺乏弹性；相反，其他一些产品或服务如某些非日常必需品、旅游服务等，即使价格仅有很小的变化也会导致需求量的大幅度变化，这说明这些产品或服务的需求弹性很大，或者说富有弹性。

影响需求价格弹性的因素主要包含以下几个方面：

（1）产品的可替代性。通常情况下，一种产品的可替代品越多，相近程度越高，则该产品的需求价格弹性就越大；相反，该产品需求价格弹性往往就越小。例如，当食盐价格上升时，其需求量几乎没有变化，这是因为市场上不存在食盐的替代品，它的需求价格弹性是很小的。

（2）产品用途的广泛性。一般来说，一种产品的用途越是广泛，它的需求价格弹性就可能越大；相反，用途越是狭窄，它的需求价格弹性就可能越小。这是因为，如果一种产品具有多种用途，当它的价格上升时，消费者只购买较少的数量用于最重要的用途上，当价格下降时，消费者的购买量将会逐渐增加，将产品越来越多地用于其他的各种用途上。

（3）产品对消费者生活的重要程度。一般来说，生活必需品的需求价格弹性较小，非必需品的需求价格弹性较大。例如粮食的需求价格弹性较小，电影票的需求价格弹性较大。

（4）产品的消费支出在消费者预算总支出中所占的比重。比重越大，需求价格弹性越大；反之则越小。因为消费者每月在一些商品上的支出很小，消费者就往往不会太重视这类商品价格的变化。

另外，同样的产品或服务对不同的目标顾客也有着不同的需求价格弹性。例如航空服务业，对于休假旅游者，机票需求量就有较大的需求价格弹性；而对于商务人员，需求价格弹性却较小。这在一定程度上为企业进行市场细分提供了依据。

（三）经济周期

一个国家的经济周期与消费者行为之间存在着相互作用和影响的关系，一方面，消费者行为影响经济周期阶段的发展，另一方面，当经济处于不同周期阶段时，消费者行为又是不同的。

一个国家的经济周期可以分为萧条、复苏、繁荣、衰退四个阶段。各个阶段在消费需求和消费者信心方面的特征均有所不同。经济周期与消费者行为间的关系见表 8-2。

表 8-2　经济周期与消费者行为的关系

经济周期消费行为	萧条	复苏	繁荣	衰退
非必需品消费	很低	开始增长	高	开始降低
必需品消费	稍低	稍微提高	趋向平稳	稍低
服务消费	稍低	稍微提高	趋向平稳	稍微降低
消费者信心	开始提高	快速增长	开始降低	快速降低

对于企业来说，理解和掌握经济周期对消费者行为的影响是非常重要的。尤其是在衰退期到来时，市场营销者如果不能做好充分准备，就会遭受很大的损失。

知识链接 8-4

在经济萧条时期，人们的收入和对未来的预期都会降低，这时候首先削减的是那些大宗商品的消费，如买房、买车、出国旅游等，这样一来，反而可能会比正常时期有更多的“闲钱”，正好去购买一些“廉价的非必要之物”，从而刺激这些廉价商品的消费上升，这就是所谓的“口红效应”。“口红效应”指的是在美国，每当在经济不景气时，口红的销量反而会直线上升。因为在美国人们认为口红是一种比较廉价的消费品，在经济不景气的情况下，人们仍然会有强烈的消费欲望，会转而购买比较廉价的商品。口红作为一种“廉价的非必要之物”，可以对消费者起到一种“安慰”的作用，尤其是当柔软润泽的口红接触嘴唇的那一刻。

二、内在经济因素

消费者购买和消费什么样的产品和服务，首先取决于其购买能力的大小，而购买能力又主要取决于其收入水平的高低。因此，收入是决定消费者行为特征的首要因素。同时，在收入一定的基础上，消费者的支出和储蓄决策也影响消费者的购买行为，这些都是影响消费者的内在经济因素。

（一）消费者收入

消费者的购买力直接取决于消费者的收入，因此，消费者收入的高低直接影响到购买力的大小，进而决定市场规模的大小和消费者的支出模式。

消费者的收入包括消费者个人的工资、红利、租金、退休金、馈赠、补贴等。在分析消费者收入对于消费者行为的影响时，人均收入这一指标具有非常重要的意义。人均收入指的是国民收入总量除以总人口所得到的比值，这个指标大体上可以反映一个国家的经济发展水平。由于在什么样的经济发展水平上具有怎样的消费水平和消费结构是有规律的，因此，根据人均收入水平可以推测消费品的市场容量、购买水平和消费结构状况。不过，需要注意的是，人均收入并不能准确地反映某一社会当中各个阶层的实际收入情况，由于各种因素的影响，不同个体之间客观上存在着收入差距。针对不同的收入水平进行市场细分，是企业在营销活动中经常采用的一种做法。

（二）消费者支出结构

恩格尔定律（Engel Law）揭示了随着消费者收入的增加支出结构发生的变化。西方经济学家对恩格尔定律的表述如下：

（1）随着家庭收入的增加，用于购买食品的支出占家庭收入的比重下降。

（2）随着家庭收入的增加，用于住宅和家务经营方面的支出占家庭收入的比重大体不变。

（3）随着家庭收入的增加，用于其他方面的支出（如服装、交通、娱乐、卫生保健、教育等的支出）和储蓄占家庭收入的比重会上升。

衡量食品消费支出占总支出之比的指标被称为恩格尔系数，它会随着总收入的增加而逐渐降低，因而也能够用来说明人们生活富裕的程度。在中国，改革开放以来，经济开始高速发展。随着城乡居民收入水平的提高，恩格尔系数呈现明显的下降趋势。这也意味着，中国正在发生着前所未有的消费革命。

本章小结

1. 文化是由一个社会群体里影响人们行为的态度、信念、价值观、规范、风俗、习惯等构成的复合体，它是习得的、动态的、共享的、无形的和规范性的。国家之间文化价值观的差异主要可以用四个指标来衡量，即个人主义/集体主义指数、权力距离指数、不确定性规避指数和男性化/女性化指数。文化对消费者购买过程的五个阶段都会产生影响。

2. 亚文化是文化的细分，也是文化的组成部分。同一亚文化群内的消费者在购买动机、购买决策、购买行为等方面更为相似。几种主要的亚文化群体包括性别亚文化群、年龄亚文化群、地区亚文化群、民族亚文化群。

3. 经济因素包括外在经济因素与内在经济因素两个方面。外在经济因素是指消费者需求对象的经济特征以及消费者所处的外在经济状态，包括产品价格、需求价格弹性、经济周期等因素。内在经济因素包括消费者收入和支出结构。

关键概念

文化　文化价值观　个人主义/集体主义指数　权力距离指数　不确定性规避指数　男性化/女性化指数　亚文化　恩格尔定律

思考与训练

一、复习思考题

1. 文化的特点有哪些？

2. 国家之间文化价值观的差异主要用哪些指标来衡量？

3. 文化对消费者行为有什么影响？

4. 亚文化群体的特点是什么？

5. 外在经济因素和内在经济因素分别包括哪几个方面？

二、实训题

1. 请举一个在中国市场经营的外国品牌因文化因素的影响而失败的案例，并提出改进的建议。

2. 列举中国的几个重要的地区亚文化，阐述这些地区亚文化的特点及对当地消费者行为的影响。

3. 如果你是一家美国食品企业的营销经理，你的企业想要进入中国市场，哪些文化因素是必须注意的?

三、案例分析题

阅读下面的案例，并完成讨论。

2009年6月26日，哔哩哔哩弹幕视频网站建立，短短几年内，哔哩哔哩已经凭借其独特的弹幕（悬浮于视频上方的实时评论）功能与其所聚集的大量年轻用户成长为国内最大的年轻人潮流文化娱乐社区和众多网络热门词汇的发源地之一，且在年轻二次元爱好者中拥有很高的知名度。目前，哔哩哔哩拥有直播、动画、番剧、音乐、舞蹈、游戏、科技、生活和时尚等分区，并开设了画友、游戏中心、周边、萌战等业务板块。另外，哔哩哔哩还举办了拜年祭、Bilibili MAD和Bilibili Dancing Festival等一系列年度活动。Bilibili Macro Link则是哔哩哔哩创造的大型线下聚会品牌，现如今已经成为国内二次元文化圈中知名度最高的线下活动。

与其他网站相比，哔哩哔哩的受众群体更加聚焦，主要面向二次元的核心用户，然后逐渐扩展到泛二次元用户。据Quest Mobile的统计，截至2017年12月31日，公司约81.7%的用户是Z世代用户[①]。他们通常接受优质教育，技术精湛，对文化产品、自我表达和社交互动有着强烈的需求。随着公司平台的发展，该部分用户已经成为中国娱乐消费的驱动力和趋势引领者。而二次元的动漫、游戏、漫画等娱乐方式刚好迎合了Z世代人群的喜好，因此备受欢迎。这种用户群体的聚焦化一方面有助于哔哩哔哩进行产品定位，进行更精准的广告投放和原创内容推广；另一方面，随着这一用户群逐渐毕业走向社会，消费能力不断升级，也为哔哩哔哩带来更大的发展空间。

哔哩哔哩以优越的内容体验捕捉用户的心灵和想法，并提供各种精心设计的互动功能以增加推动用户参与度和忠诚度。其独特的弹幕功能嵌入了强大的社交网络组件，使得用户在观看视频时可以和其他用户互动、发表自己的看法；并且提供了更加真实和实时的交流感受，用户之间能够产生共鸣，愿意花更多的时间活跃在平台上，因此哔哩哔哩也有着比传统视频网站更强大的用户黏性。2017年，哔哩哔哩平均每月参与社交活动的用户数量为1 520万，每月产生总计2.21亿次互动。哔哩哔哩凭借着独特的使用体验、及时多元的视频内容，已经成为国内最大的弹幕视频分享网站和二次元文化及潮流文化交流社区。另外，公司也率先推出了一套区分用户的考核系统，为通过考核的用户提供作为正式会员的特权身份和更多的互动功能。截至2017年12月31日，共有3 160万正式会员通过了会员考试，会员考试系统也提升了用户的强烈归属感。

虽然对于流量保持审慎的态度，哔哩哔哩的月活跃用户仍然在过去几年保持着稳健、高速的增长，这其中“文化”的作用功不可没。在一个有准入门槛的社区中，被筛选的新用户和种子用户的价值观更加接近，也更容易融入老用户的团体，因此可以维持一个较为良好的社区氛围。这种情况下，这些背景相似、志趣相投的用户产出的内容往往传递着相似的价值观和审美情趣。随着层次的丰富和共识的形成，这些内容的合集将会成为社区的

---

① 美国及欧洲的流行用语，意指在1995—2009年出生的人。

文化标签。由文化认同而来的新用户不会破坏社区原有的氛围，且往往有着更高的黏性和投入度。这也是哔哩哔哩与其他二次元网站相区别开来的独特特征，也成为哔哩哔哩的核心能力。正是由于有了这样的打造社区文化的能力，哔哩哔哩在弹幕功能普及化的环境下，在自己的特有功能逐渐被趋同化之后，仍坐拥大量核心用户。

讨论：

1. 哔哩哔哩的运营模式与其竞争者有什么区别，为什么会取得成功？
2. 如何从文化的角度看待哔哩哔哩的成长之路？

即测即评

测评试题

第九章

产品、价格与消费者行为

——剖析影响消费者行为的营销组合策略（一）

通过本章的学习，读者应了解和掌握：

- 产品命名的心理策略；
- 商标设计的心理要求；
- 产品包装的心理功能与包装设计的心理要求；
- 产品定价的心理策略；
- 产品价格调整的心理策略与技巧。

导入案例

2012 年 1 月 11 日，淘宝商城在北京举行战略发布会，宣布将中文品牌“淘宝商城”更改为“天猫”。此次改名出于以下几方面的考虑：第一，淘宝商城跟淘宝名字过于相似，一般人可能无法区别淘宝和淘宝商城的定位，因此其最主要目的是将“淘宝商城”与“淘宝”区别开。第二，天猫的名字就是淘宝商城 tmall 域名的谐音。第三，猫是人们最为熟悉的动物之一，这个名字很容易让人记住。第四，对于新名字“天猫”，官方解释为“猫天生挑剔，挑剔品质，挑剔品牌，挑剔环境，这恰好就是天猫网购要全力打造的品质之城”，有利于树立“精品店”的新形象。

营销组合策略包括产品、价格、分销和促销四个因素，这四个因素的组合往往直接决定企业营销工作的成败。无论是从理论还是从实践上来看，营销组合策略的设计和实施都必须围绕着消费者的心理和行为展开。本章主要分析前两个因素（产品、价格）与消费者行为的关系，重点是研究产品命名、商标设计和包装设计对消费者行为的影响，以及产品价格的心理效应和产品定价的心理策略。

第一节　产品命名、商标设计与消费者行为

一、产品命名与消费心理

产品名称是指能在一定程度上概括地反映产品某种特性的特定的语言文字符号。从营销心理学的角度来看，产品名称既是顾客借以识别产品的一个标志，同时也是引起顾客情感、联想等心理活动的一种特殊的刺激物。

产品命名，实质上就是选定恰当的语言文字，概括地反映产品的特点、用途、形状、性能等。例如，山地车是便于山地行走的自行车，三九胃泰是一种治疗胃病的药，乌发宝是使头发变黑的洗发剂，等等。上述名称准确地传达了它所代表的产品的基本用途和性能，从而使消费者能够迅速地获得有关产品的主要信息。

产品命名的心理策略和方法多种多样，大致可以归纳为以下几种。

（一）以产品的主要效用命名

这种方法多用于日用工业品和医药品等产品的命名。其特点是直接反映产品的主要性能和用途，突出产品的本质特征，使消费者能迅速了解产品的功效。例如，“金嗓子喉宝”是一种治疗嗓子的药；还有“玉兰油防晒霜”“美加净护手霜”等均可直接从名称上了解产品的用途和功效。

※实例链接 9－1

“脑轻松”就是一种“健脑益智”的营养口服液品牌；“飘柔”洗发水，以产品致力于让使用者拥有飘逸柔顺的秀发而命名；“康齿灵”和“六必治”牙膏，则是用牙膏对牙齿的防治功效来进行品牌命名的。运用功效法来为品牌命名，可以使消费者看到品牌名称，就联想起产品的功能与效果。诸如此类还有“快译通”“好记星”“泻痢停”等。

资料来源：https://www.xianzhi.net/ppmmggx/44193.html.

（二）以产品的主要成分命名

这种命名方法的特点是突出产品的主要成分和主要材料，以说明功效，促使消费者购买，多用于食品类、医药类产品。例如，“川贝枇杷膏”是以川贝、枇杷叶为主要成分的止咳药剂，而“复方甘草合剂”的主要成分是止咳的甘草。

（三）以产品的外形命名

这种命名方法具有形象化的特点，能突出产品优美、新奇的造型，引起消费者的注意和兴趣，多用于食品类、工艺品类产品命名，如“龙须酥”“猫耳朵”“满天星”等。采取

这种命名方法，使名称与形象相统一，可以让消费者从名称联想到产品实体，从而加深消费者对产品的印象和记忆。

（四）以产品的制作工艺或制造过程命名

这也是一种被经常采用的命名方法，多用于具有独特制作工艺或有纪念意义的研制过程的产品。采用这一命名方法可使消费者了解该产品研制过程中的艰辛和严谨，由此增强对产品的信任感，并满足消费者的求知心理。比如，“101 生发精”，是经过 101 次实验而研制成功的生发药剂。

（五）以产品的产地命名

这种方法常用于颇具名气或颇具特色的地方土特产品的命名。在产品名前面冠以产品产地，以突出该产品的地方风情、特点，如“云南白药”“金华火腿”“北京烤鸭”“汾酒”“苏绣”“云烟”等。这种命名方法符合消费者追求特别、新奇的心理，有助于产品打开知名度。

（六）以人名命名

这是指以发明者、制造者或历史人物等的名字给产品命名的方法。这种方法借助名称把特定的人与特定的产品联系起来，令消费者睹物思人，引发丰富的联想，产生追忆和敬慕之情，从而使产品在消费者心目中留下深刻印象。此外，这种命名方法还可以给人以产品历史悠久、工艺精良、正宗独特、质量上乘等印象，诱发消费者产生购买产品的积极态度。这种命名具体又可分为两类：

（1）以历史名人命名。如“中山装”“东坡肘子”等。

（2）以产品首创者名字命名。如“张小泉剪刀”“陈氏麻婆肉”等。

（七）以外来词的汉语翻译命名

这种方法多用于进口产品的命名，既可克服某些外来语翻译上的困难，又能满足消费者求新、求奇、求异等心理要求。在以外来词命名时，无论直译还是意译，都要力求译音朗朗上口且寓意良好。例如，“Coca-Cola”译为“可口可乐”，既谐音，又使人产生一种愉悦舒畅的感受；“吉他（Guitar）”“三明治（Sandwich）”都是成功运用这种命名方法的范例。

❖实例链接 9－2

法国的白兰地（Brandy）与英国的威士忌（Whisky）都是世界名酒。但在香港市场上，前者的销量却遥遥领先，竟高于后者近 20 倍。这一悬殊差距的产生据说和它们的中文译名直接相关。香港人对产品商标所蕴含的含义极为看重，尤忌不吉利的隐义。威士忌三字，容易使人联想到“威风的绅士都忌讳”。白兰地则相反，被认为是“洁白如雪的兰花盛开在大地上”，意境优美之极，切合中国人的文化心理，令人联想到那白兰花盛开、美丽芳香的青草地，因而受到更多人的青睐。

（八）以美好形象替代原有名称命名

这在中药的命名中极为常见。我国中药常以一些动物、植物为原料，而原来的名称会令病人产生畏惧心理，为避免产生不良的心理作用，中医常另取名称来代替原有名称。例如“地龙”原指蚯蚓，“天龙”原指壁虎，而“夜明砂”是指蝙蝠粪便。这种命名方法有助于拉近消费者与产品的距离。

（九）以色彩命名

这种方法多用于食品类，可以突出视觉感受，使消费者对产品留下深刻印象。例如，“黑五类”芝麻糊、“白加黑”感冒片、“象牙”香皂等均以此加深了消费者对产品名称的记忆。

二、商标设计的心理要求

商标是产品的特定标记，是区分不同厂商生产的同种产品的一种符号。人们选择产品，往往是认准某种商标进行选购。

商标主要有三种类型：文字或字母型；图案型；组合型，即由文字或字母和图案组合而成。示例如图 9－1 所示。

（a）字母型（麦当劳连锁快餐）　（b）图案型（苹果公司）　（c）组合型（青岛啤酒）

图 9－1　商标的三种类型

商标设计应符合以下几方面的心理要求。

（一）简练易记，形象生动

商标是供人称呼和识别用的，也是提高商业广告效果的手段之一，因此，商标的文字必须简练，形象必须生动，让人一目了然，易懂易记。要选用简洁明了、易于拼读的字词，单纯醒目、容易识别的图案，来组成商标所要体现的各种意向集合体，以求在短暂的视听传播过程中比较准确地传递有关商品的信息，给人以清晰的印象。这里的形象不仅是指纸面上的图文形象，还应包括通过图文来表现的产品形象，达到图文形式和商品内容的完美结合。图 9－2 所示的三种商标便是图文完美结合的范例。

（a）永久牌　（b）清风牌　（c）LG牌

图 9－2　三种形象生动的商标

（二）造型优美，赏心悦目

要提高顾客对商标的喜爱程度，树立产品美好的形象，还需要努力创作出富有艺术魅力、造型优美、构图平衡的商标形象，使其能够在瞬间为顾客的视觉所捕获，并达到使顾客百看不厌的效果，满足顾客的审美需求。软饮料中的“可口可乐”商标的美术体字母设计有龙飞凤舞、行云流水之美，其流畅的线条又与软饮料的物质特性相匹配，给人以美的享受，见图 9-3。

图 9-3　可口可乐商标

（三）投其所好，恰如其分

商标是用来向顾客推介产品的，其文字、图案的选择必然要考虑到顾客的喜好。要研究一定目标市场顾客的心理特征，根据他们的生活习惯、受教育程度以及对产品的特殊偏好，慎重选择商标的图文、色彩、形状以及读音和韵律，迎合顾客的喜好，使顾客产生美好的联想，从而产生购买欲望。例如，“精工牌”手表的“精工”与人们对手表走时精确、工艺精细的心理要求相吻合，“美加净”牙膏的“美加净”与人们求美求净的心愿相一致，这类商标名称会使人对商品产生好感。

❖实例链接 9-3

农夫山泉公司针对混合果汁的特点，将果汁系列命名为“农夫果园”（见图 9-4），这一品牌给人的联想是和谐纯朴的果园风情，宁静悠远的天然环境增加了果汁来源的真实性，使人们很容易就明白这个产品是果汁饮料，而且这一名称也注意结合农夫山泉这一品牌，延续了“农夫”的品牌优势。这一与众不同的命名，还具有很好的延伸性，以后推出新的果汁饮料可以统一在“农夫果园”的旗下，品牌的推广可以为以后的新品积累影响力。

图 9-4　农夫果园的商标

（四）兼顾习俗，避免歧义

当今社会，国内、国际市场已连成一片，要将产品推向更广阔的市场，在设计商标时对于各地乃至各国的风俗习惯就不能不闻不问，对于商标的图文所包含的种种可能的歧义也不可掉以轻心。

❖实例链接 9－4

索尼（SONY）在 1946 年创业之初有一个不太吸引人的名称“东京通信工业”，创办人盛田昭夫与井深大有感于 RCA（美国广播唱片公司）和 AT&T（美国电话电报公司）这样的名字简短有力，决定将公司名改为四五个英文字母拼写成的名字。经过长期研究，他们觉得拉丁文 SONUS（表示声音之意）还不错，与公司产品性质相符合。于是，他们将它英语化，改为 Sonny，其中也有可爱之意。但是 Sonny 在日文的发音中有“赔钱”“失去儿子”的意思，为了适合日本文化，去掉一个“n”，SONY 的大名终于诞生。

资料来源：《全球著名品牌的产品命名案例》，见 http://www.doc88.com/p-9029677058303.html。

第二节　产品包装与消费者行为

产品包装是指用于盛装、包裹、捆扎货物的容器和包扎物。“包装”一词现已被引申为各类营销对象以视觉的、心理学的方法引发人们关注、提升市场价值的手法，譬如体育节目包装、艺术包装、明星包装。在现代社会中，人们对包装不仅要求其具有物质层面的使用价值，而且要求有心理层面的艺术价值。

一、产品包装的心理功能

产品包装具有下述心理功能。

（一）吸引注意

市场上产品种类名目繁多、五花八门。顾客在无人介绍或没有明确购买目标的时候，常会感到茫然无措，不知如何取舍。而那些造型别致、包装上有精美图案和醒目文字的产品，往往能率先吸引顾客的目光，进而引起顾客注意，使之产生购买欲望。

（二）促进认知

产品包装是在营销现场协助选购和指导消费的理想媒介。具有特色的、能在一定程度上反映产品特性和企业文化的产品包装，无疑起到了重要的促进顾客认知的作用。产品包装上加印的产品功能、原料成分、使用方法、注意事项等内容，提供了详细的产品信息，能满足顾客理智消费的心理需要。

（三）体现价值

产品价值的高低主要由核心产品决定，但一般作为外行或尚不明了产品功效的社会大众并不能知晓核心产品所具有的价值，在选购产品时对产品价值的感受往往从包装开始。包装具有重要的象征意义，豪华的包装可以体现高档产品的高贵价值。如果把一支吉林长白山野山参用旧报纸随意地包扎出售，恐怕谁也不会付高价买它。

（四）增加信任

产品包装上必须印有企业名称、地址电话、商标图文、原料成分、容量及重量，以及生产日期、保质期限、条形码等资料，这些内容是企业对消费者负责的表示，也可以加深顾客对产品的印象，提高顾客对企业及其产品的信任度。

二、产品包装设计的心理要求

一件产品要获得顾客的喜爱，除了自身需具有较高的品质以外，还需要综合运用心理学、美学、社会学、市场营销学以及物理学、化学等知识，在充分理解产品内涵和营销心理的基础上，设计出富有感染力的产品内外层包装。

包装设计的心理要求如下所述。

（一）安全实用、便于携带

产品包装设计要从顾客角度出发，考虑其实用性、方便性、安全性，体现科学性和便利性的要求。内层包装要根据不同产品的特点采用适宜的包装方式。例如，食品饮料事关人体健康，常采用密封式包装；而软饮料为便于人们外出饮用，多采用密封加拉环式包装；休闲食品制造商为方便人们在外食用休闲食品，除使用小包装外，还常在坚韧的塑料包装袋边开一个小缺口，以便顾客不费劲地用手撕开食用；空气清新剂则常采用喷雾式包装。如图 9－5 所示。

(a) 饮料包装　　(b) 空气清新剂包装　　(c) 休闲食品

图 9－5　安全适用的包装

（二）新颖别致、艺术性强

产品包装只有新颖别致、与众不同，才能吸引顾客的注意。一种成功的包装使用了较长一段时期以后，也要考虑推陈出新，加以适当变换，以满足顾客的求新心理。在考虑新颖别致的同时，要充分运用装饰艺术的表现手法，做到包装的造型美观大方、图文生动明快、色调清新宜人。例如，可口可乐问世虽已过百年，但由于它包装上的文字和构图艺术感强，使人赏心悦目，并不时适当调整，非但没有给人以丝毫老态龙钟之感，反而始终维持青春活泼的年轻形象，吸引了无数青年消费者。

❖实例链接 9－5

统一“小茗同学”成功地抓住了“95后”消费群体，而这离不开它的包装设计。橙红蓝的包装纸裹着的饮料瓶身上，表情各异又呆萌的“小茗同学”占据了大幅的醒目位置。首先进入视线的是一整张脸的表情包，四款不同口味的瓶身有四种不同的表情，深度迎合了社交网络时代的流行文化符号。另外，“小茗同学”人物形象设定呈现一种“呆萌”属性：茶芽头、腰果眼、逗人的表情，这又深度契合“95后”喜欢有个性商品的心理。

资料来源：芮益芳. 把什么卖给“95后”以及怎么卖. 商学院，2016（07）. 有改动。

（三）诱发联想、有针对性

产品包装要采用特定顾客所喜闻乐见的风格，诱发他们的美好联想。人们的个性心理不同，社会经历不同，对同一事物的理解与感受也不同。包装设计要高度重视这一现实，综合考虑目标市场的各种因素，了解不同购买对象的爱好与忌讳，加强针对性。例如，在外部造型等方面，对男性顾客应突出造型大方、风度洒脱、容量充足的特点；对女性顾客则应强调线条流畅、造型优美、小巧精致。

（四）统一和谐、大方得体

产品包装设计要体现出形式与内容的一致性、包装形象与产品形象的一致性。不同档次的产品宜采用与其价格相匹配的包装风格、包装材料和包装方式，以满足不同顾客的心理需要。

另外，食品要防止过度包装。过度装饰会使人感到华而不实、喧宾夺主，这是不足取的。有的产品包装看上去体积很大，等拆去外层包装和衬垫以后，里面的产品只占包装的一小部分，消费者看后难免产生不快和被愚弄之感。

第三节　产品定价与调整的心理策略

一、产品定价的心理策略

（一）撇脂定价法

撇脂定价法是指先制定高价，利用消费者求新、求美、好奇的心理，从市场上“撇取油脂”——赚取利润；当竞争者纷纷出现时，“油脂”（利润）已被撇走，再逐渐降价，这时，企业只是赚得少一些罢了。它利用的是消费者的“求新”“猎奇”心理，高价投放商品，以期迅速收回成本，获得利润。

※实例链接 9-6

美国雷诺公司在其发明的圆珠笔最初进入市场时，即采用此方法定价。当时每支笔的成本仅为 50 美分，而售价竟达 20 美元。由于他们较好地利用了消费者求新、求奇的心理，通过各种宣传为其披上神秘的外衣，使其身价倍增，引起了消费者的好奇和兴趣，加之消费者并不了解其真实成本，因此，高价被多数消费者所接受，使得雷诺公司大发其财。等到这种商品的神秘外衣被一点点剥开，商品价格一落千丈时，该公司已转而经营其他商品去了。

采用这种策略的好处在于：能尽快收回成本，赚取利润；高价可以提高新产品身价，塑造其优质产品的形象；扩大了价格调整的回旋余地，提高了价格的适应能力，增强了企业的盈利能力。

这种方法存在的不足之处是：可能在一定程度上有损消费者的利益；在新产品尚未被消费者认识之前，不利于开拓市场；会因利润过高迅速吸引竞争者，导致竞争加剧而被迫降价。

（二）渗透定价法

这种定价方法与撇脂定价法相反，即在新产品进入市场初期，迎合消费者“求实”“求廉”的心理，低价投放新产品，给消费者以物美价廉、经济实惠的感觉，从而刺激消费者的购买欲望；待产品打开销路、占领市场后，企业再逐步提价。

采用这种策略的好处在于：能迅速将新产品打入市场，提高市场占有率；物美价廉的产品有利于企业树立良好形象；低价薄利信号不易诱发竞争，便于企业长期占领市场。

这种策略的不足之处是：本利回收期较长，且价格变动余地小，难以应付在短期内骤然出现的竞争或需求的较大变化。

（三）尾数定价法

这种定价方法是指保留价格尾数，采用零头标价，如 9.98 元而非 10 元。实践证明，消费者更乐于接受尾数价格。他们认为整数是一个概略价格，不十分准确，而尾数价格会给人以精确感和信任感。此外，尾数可使消费者感到价格保留在较低一级的档次，从而减轻其心理抵触感。

尾数定价法的应用较为广泛。在美国，5 美元以下的产品，习惯以 9 为尾数；5 美元以上的产品，习惯以 95 为尾数。日本的家用电器习惯以 50、80、90 为尾数，我国的许多产品常以 8、88、99 为尾数。

尾数定价法对消费者产生如下心理效果：

（1）可以使消费者产生便宜的心理错觉。例如，198 元一双的鞋要比 200 元一双的鞋好销。

（2）可使消费者相信企业在科学、认真地定价，制定的价格是合理、精确、有根据的。

(3) 给消费者一种数字寓意吉祥的感觉，使消费者在心理上得到一定的满足。如“99”尾数不仅可以满足消费者的求廉心理，而且迎合了消费者追求“天长地久”的传统心理；而“88”尾数则迎合了对“财运大发”的期许和愿望。

(四) 整数定价法

与尾数定价法相反，整数定价法采用合零凑整的方法，用整数来定价。整数价格又称方便价格，适用于某些价格特别高或特别低的产品。对于某些款式新颖、风格独特、价格较高的新产品，应采取整数定价。就像一枚 980 元的戒指最好标价为 1 000 元，因为对于有购买力的消费者来说，不会在意多付 20 元钱，但却使这枚戒指的声望价值从 3 位数上升到 4 位数，给消费者心理上带来更大的满足；而对于某些价值小的日用小商品，如定价 0.20 元，较之 0.19 元，对消费者而言在购买时会显得更方便。

(五) 声望定价法

这是利用消费者的“求名”心理制定高价的策略。一些在市场上久负盛誉的名牌产品，可以以高价销售。高价一方面与名牌产品的优良性能、上乘品质相协调；另一方面与产品的形象相匹配，多数消费者购买名牌产品不仅仅看重其一流质量，更看重名牌所蕴含的社会象征意义。在一定意义上，高价格是名牌效应的重要组成部分，消费者经常借购买高价商品显示自己的社会地位。

(六) 习惯定价法

习惯定价法即按照消费者的习惯心理制定价格。消费者在长期的购买实践中，对某些经常购买的产品如日用品等，在心中已形成了习惯性的价格标准，不符合其标准的价格会令其产生疑虑，从而影响购买。此时，维持习惯价格不变是明智的选择。

(七) 感知价值定价法

这种方法以消费者对产品价值的感受及理解程度作为定价依据。消费者在购买产品时，总会在同类产品之间进行比较，选购那些既能满足消费需要又符合其支付标准的产品。企业应该突出产品的差异性特征，综合运用市场营销组合中的非价格因素来影响消费者，使他们在头脑中形成一种觉察价值观念，然后据此来定价。例如，普通商店出售的可口可乐，每罐 3.50 元，在五星级饭店，它的价格会成倍地上涨，但消费者却能够接受，这是因为消费者受周围环境的影响而产生了对产品价值判断的错觉。这种定价方法的关键在于正确判断消费者的觉察价值，如果产品价格大大高于其觉察价值，消费者会感到难以接受；同理，如果产品价格远远低于觉察价值，也会影响产品的形象。

(八) 分级定价法

这种定价方法是把不同品牌、规格及型号的同一类产品划分为若干个等级，对每个等级的产品制定一种价格，而不是一物一价。这种方法简化了购买过程，便于消费者挑选，不足之处在于等级间的价格差不好把握。如果差价过小，消费者会怀疑分级的可信度；如果差价过大，一部分期望中间价格的消费者会感到不满意。

(九) 折让价格

这种方法是指在特定的条件下，为了鼓励消费者购买产品，以低于原定价格的优惠价格销售给消费者。条件不同，折让价格的形式也不同，主要有下面几种：

（1）数量折让价格，即根据消费者一次或累计购买的产品数量或金额给予折扣。

（2）季节折让价格，即为了鼓励消费者在季节性产品的淡季购买而给予的价格优惠。

（3）新产品推广折让价格，即为了打开新产品的销路，鼓励消费者积极购买新产品而制定的优惠价格。

❈实例链接 9-7

日本东京银座美佳西服店为了销售产品采用了一种折扣销售方法，大获成功。具体方法是这样：先发出公告，介绍某产品品质性能等一般情况，再宣布打折的销售天数及具体日期，最后说明打折方法：第一天打九折，第二天打八折，第三天、第四天打七折，第五天、第六天打六折，以此类推，到第十五天、第十六天打一折。这个销售方法的实践结果是，第一天、第二天顾客不多，来者多半是来探听虚实和看热闹的。第三天、第四天人渐渐多起来，第五天、第六天打六折时，顾客潮水般涌向柜台争购。以后连日爆满，没到一折售货日期，产品早已售完。这是一则成功的折扣定价策略，妙在准确地抓住顾客购买心理，有效地运用折扣售货方法销售。人们当然希望买质量好又便宜的货，最好能买到二折、一折价格出售的货，但是有谁能保证到你想买时还有货呢？于是出现了头几天顾客犹豫，中间几天抢购，最后几天买不着者惋惜的情景。

（十）处理价格

在产品流通过程中，由于各种原因，会出现产品滞销压库和产品品质下降的现象。对这种情况，必须采取处理价格策略。为了制定合理的处理价格，需要考虑消费者对廉价处理产品的心理反应，以期达到降价的目的。制定处理价格时要注意以下两条：

（1）降价幅度要适宜。幅度太小，不足以吸引消费者；幅度太大，容易让人产生疑虑。

（2）价格要保持相对稳定，切忌连续波动。如果连续降价，消费者会产生等待进一步降价的心理预期而推迟购买。

总之，处理价格的确定既要实事求是，又要注意消费者的心理要求，把握好降价幅度和时机。

二、产品价格调整的心理策略

消费者对企业调整价格的动机、目的的理解程度不同，会做出不同的心理反应。因此，产品价格调整一定要仔细分析各种因素的影响，准确把握消费者的价格心理，采取行之有效的调价策略，以便达到促进销售、增加利润的目的。

（一）产品降价的心理策略

造成产品降价的原因有多方面，如某些产品更新换代造成的“冷背残次”，产品保管不善造成的品质降低，市场行情不明造成的盲目进货，新技术、新科技的应用使成本下降，凡此种种，都可能导致产品降价出售。在这里，产品降价是否能促进销售，关键在于产品是否具备降价条件，以及企业是否能够及时、准确地把握降价时机和幅度。

1. 产品降价应具备的条件

要达到预期的降价目的，产品应具备与消费者心理要求相适应的特性。这主要包括以下四方面：

第一，消费者注重产品的实际性能与质量，而很少将所购产品与自身的社会形象联系起来。

第二，消费者对产品的质量和性能非常熟悉，如某些日用品和食品降价后消费者仍对之保持足够的信任度。

第三，能够向消费者充分说明产品价格降低的理由，并使他们接受。

第四，制造厂家和品牌信誉度高。消费者只有在以较低的价格买到“好东西”时，才会感到满意。

2. 准确把握降价时机

降价时机选择得好，会大大刺激消费者的购买欲望；选择得不好，则会无人问津而达不到目的。

关于降价时机，要视产品和企业的具体情况而定。根据经验一般有以下三种情况：

第一，对于时尚产品和新潮产品，进入模仿阶段后期，就应当降价；

第二，对于季节性产品，应当在换季时降价；

第三，对于一般产品，进入成熟期的后期就应当降价。

还应注意的是，产品降价不能过于频繁，否则消费者会对降价有不切实际的心理预期或者对产品的正常价格产生不信任感。

3. 降价幅度要适宜

降价幅度应足以吸引消费者购买。幅度过小，激发不起消费者的购买欲望；幅度过大，企业可能会亏本经营，或者引起消费者对产品品质的怀疑。经验表明，降价10%～30%有利于刺激消费者的购买；超出50%时，消费者的疑虑会显著加强。

❖实例链接 9-8

在一个菜场有几家卖豆制品的摊点，可总是只有A摊的生意火爆，大家宁可排队等也不到旁边的摊位买同样的东西。是A摊的价格比旁边的摊位便宜许多吗？不是，他卖的价格和别人一样；是所卖产品的质量比别人好很多吗？也不是。原来只有一个非常简单的原因：这个摊主无论顾客买什么东西都主动地少收一角钱。例如顾客问好豆腐是一元一斤，挑了块豆腐，他把豆腐放到电子秤上一称，显示1.7元，他就会说：“就收1.6元吧。”就这一角钱让他获得了顾客的信赖，使他的生意越来越红火。

4. 注意采用暗降策略

暗降策略即通常所说的变相降价。降价要特别慎重，一般情况下，直接降价会招致同行的不满与攻击，甚至会引发价格大战。为了避免直接降价带来的不利因素，可采用暗降策略，如实行优待券制度、予以实物馈赠、更换包装等方法。采用变相降价既维护了企业及产品的形象，又扩展了市场占有率，促进了产品销售。

除了掌握降价幅度、把握降价时机、采用暗降策略外，还可以把降价和营销的其他策略配合使用，以收到更好的效果。

（二）产品提价的心理策略

一般而言，产品价格的提高会对消费者的利益造成损害。因此，消费者通常对产品提价持消极的心理反应。但在营销实践中，企业经常迫于各种原因而不得不提价，如市场产品供不应求、资源稀缺或劳动力成本上升而造成产品成本提高、开发新市场、经营环节增多等。

为了使消费者接受上涨的价格，增强心理承受能力，企业应针对不同的提价原因，采取相应的心理策略，包括做好宣传解释工作、组织替代品的销售、提供热情周到的服务、尽量减少消费者的损失等，以求得消费者的谅解和支持。在提价时要注意以下方面：

1. 提价幅度不宜过大

产品在提价过程中，应注意尽量减小提价幅度，避免引起消费者的抱怨和不满，减少消费者的恐惧心理。在国外，涨价幅度一般以5%为界限，这样比较符合消费者的心理承受能力。另外，产品提价应循序渐进，让消费者有一个接受、适应的过程。

2. 注意采用暗调策略

直接提价往往使消费者产生反感，在可能的情况下，企业最好采用暗调策略进行提价。第一，可以更换产品型号、规格、花色、包装等。同一产品只要稍做改动，在消费者没有觉察的情况下提价，就不会引起消费者心理上的反感。第二，改变产品原料配比而价格不变，以达到实质上的提价目的。例如，压缩产品分量，价格不变；使用便宜的材料或配件做替代品；缩小产品的尺寸、规格等。这种方法应尽可能避免使用，因其容易引发投诉而失去消费者的信任。

3. 做好宣传解释工作

我们主张企业提价最好是避免明调，但是在迫不得已的情况下，企业应该通过传媒向消费者解释调价的实际原因，并且提供更热情周到的服务，尽量减少消费者的损失等，以诚意求得消费者的谅解和支持。

本章小结

1. 产品命名就是选定恰当的语言文字，概括地反映产品的特点、用途、形状、性能等。产品命名的心理策略与方法大致有：以产品的主要效用命名、以产品的主要成分命名、以产品的外形命名、以产品的制作工艺或制造过程命名、以产品的产地命名、以人名命名、以外来词的汉语翻译命名、以美好形象替代原有名称命名、以色彩命名等。商标设计应符合以下心理要求：简练易记，形象生动；造型优美，赏心悦目；投其所好，恰如其分；兼顾习俗，避免歧义。

2. 产品包装是指用于盛装、包裹、捆扎货物的容器和包扎物。产品包装的心理功能包括：吸引注意、促进认知、体现价值、增进信任。产品包装设计应做到：安全实用、便于携带；新颖别致、艺术性强；诱发联想、有针对性；统一和谐、大方得体。

3. 产品定价的心理策略包括：撇脂定价法、渗透定价法、尾数定价法、整数定价法、声望定价法、习惯定价法、感知价值定价法、分级定价法、折让价格、处理价格等。产品降价和产品提价应该采用适当的心理策略。

关键概念

产品命名　商标　产品包装　撇脂定价法　渗透定价法　声望定价法　习惯定价法　感知价值定价法　分级定价法　折让价格

思考与训练

一、复习思考题

1. 产品命名的心理策略和方法有哪些？
2. 商标设计应符合哪几方面的心理要求？
3. 产品包装的心理功能是什么？
4. 产品包装设计的心理要求是什么？
5. 产品定价的心理策略有哪些？
6. 产品价格调整的心理策略有哪些？

二、实训题

1. 在你常用的电商平台做一次市场调查，选择惠普、戴尔、苹果、华为、小米、联想等国际、国内电脑品牌 4～6 种，搜集相关的产品资料以了解基本信息。

要求：

（1）就各种品牌电脑的名称、外形、基本功能、定价进行比较。

（2）对所在班级拥有电脑的同学进行调查，了解同学们当初为什么购买该款电脑，现在感觉如何。了解尚未购买电脑的同学的品牌意向和心理价位。

（3）写出调研与分析报告。

三、案例分析题

阅读下面的案例，并完成讨论。

世界上第一瓶可口可乐于1886 年诞生在美国，这种神奇的饮料以它不可抗拒的魅力征服了全世界数以亿计的消费者，成为“世界饮料之王”。但是就在可口可乐如日中天之时，竟然有另外一家同样高举“可乐”大旗、敢于向其挑战的企业，宣称要成为“全世界顾客最喜欢的公司”，并在与可口可乐的交锋中越战越强，最终形成了分庭抗礼之势，这就是百事可乐公司。

众所周知，营销策划中最能反映商品的定位和特色的莫过于商标的设计。百事可乐公司在商标设计上从一开始就与可口可乐公司形成了鲜明的对比：

可口可乐选用的是红色，在鲜红的底色上印着白色的斯宾塞体草书“Coca-Cola”，白字在红底的衬托下，有一种悠然的跳动之态，草书则给人以连贯、流线和飘逸之感。红白相间，用色传统，显得古朴、典雅而不失活力。

百事可乐则选择了蓝色，在纯白的底色上是近似中国行书的蓝色字体“Pepsi Cola”，蓝字在白底的衬托下十分醒目，呈活跃、进取之态。而蓝色是精致、创新和年轻的标志。

1998 年正逢百事可乐成立 100 周年。在百年庆典之际，百事可乐又推出了一系列新的营销措施，其中一个就是全面更换包装，并启用郭富城作为新百事的形象代言人，在全球刮起了一场“蓝色风暴”，以对应可口可乐在包装及广告中的正红色。

原以为新包装会给公司带来滚滚收益，给可口可乐公司一个强有力的抗衡，然而事与愿违。原因就在于百事的蓝色并不是三原色当中有着高纯度的蓝，而是普蓝和湖蓝的混合色。这种蓝色再加上光源位置的不同，以及晶莹水滴的流动，造成了深浅不一的蓝色背景，但这种效果并不利于统一制作，在户外广告、海报宣传品等需要大量制作的视觉广告上也会存在一定的难度。

一种商品更换包装是为了更好地销售，如果和这个目标背道而驰，那么这样的更换其实是失败的。百事之前的包装色调简洁清爽，单纯的乳白色加上蓝、白、红的三色小球，这种色调的布局简直是绝配。同时在亚洲人的审美观念里，有种“pure”的概念。他们认为，一切纯的颜色对应于一切纯美的事物。而更换后的蓝色从某种角度来看是一种暧昧的色彩。而在如今的时代，用一种暧昧的色彩作为自己产品的包装是非常不讨巧的。

可口可乐公司在百事推出全新蓝色包装以后，并没有大刀阔斧地改动原有的色调，反而是将过去的圆形标识制作得更加细致，更具有立体感，而白色的字母也更为飘逸，具有动感。细节上的加强，完善了整个品牌的感召力和影响力。

资料来源：杨海莹，李秋利. 消费心理学. 北京：科学出版社，2006.

讨论：

1. 通过以上案例，分析百事可乐改变包装的失败之处和可口可乐包装的成功经验。
2. 通过以上案例，分析商标、商品包装的功能。

即测即评

测评试题

第十章

广告、购物环境与消费者行为

——剖析影响消费者行为的营销组合策略（二）

通过本章的学习，读者应了解和掌握：

- 广告定位的方式；
- 广告诉求的情感心理方法与理性诉求方法；
- 增强广告效果的心理策略；
- 建筑外观与橱窗设计心理；
- 商场内部设计心理。

导入案例

2019 年 1 月 17 日，名叫《啥是佩奇》的视频链接刷爆了朋友圈，在微博就达到了 2 000 多万次播放，一时间无数人都在重复同一个问题："啥是佩奇？"这样一部不到 6 分钟的短片瞬间像病毒一样蔓延了全网。这其实是贺岁片《小猪佩奇过大年》的宣传片。短片的内容非常简单：留守老人李玉宝等着好久没见的儿孙回家过年。宝贝孙子说想要"佩奇"，这可把他难倒了。佩奇到底是啥？主播？象棋？还是……？几经折腾，李玉宝终于知道，佩奇是只小猪，粉红的，长得跟鼓风机很像。于是，他自己动手，做出了史上最酷的小猪佩奇。

看到爷爷送的"佩奇"，小孙子眼中散发出惊喜的光芒，瞬间和爷爷打成一片，全家人不该有的隔阂也顿时消融。最后老人与孩子们齐聚一堂观看电影，脸上洋溢着幸福的笑容。该短片成为 2019 年现象级的营销广告，凭借真挚的情感和质朴而又独特的表达方式，快速传播，获得了超出预期的效果。

本章主要分析市场营销组合中促销与分销这两个因素与消费者行为的关系。在促销当中，重点是研究广告信息对消费者行为的影响；在分销当中，重点是研究购物环境对消费者行为的影响。

第一节　广告与消费者行为

广告是通过一定的媒介向目标对象传播商品信息的活动过程。广告所传递的信息是影响消费者行为的基本要素，这些信息包括商品的属性介绍、商品使用与购买信息、生产者背景等。

下面，我们着重从广告定位心理和广告诉求心理等方面，研究广告对消费者行为的影响。

一、广告定位心理

广告定位是确定产品形象在消费者心理和在市场上的位置的过程。定位的重要性在于以清晰明确的方式，在消费者心目中形成强有力的、稳定的产品形象。广告中常用的定位方式主要有以下几种。

（一）卓越超群，舍我其谁

这种方法常为市场领先者所采用。这类企业的现有商品已在市场上居于难以动摇的地位，在顾客心目中留有无可挑剔的美好印象。企业通过广告要在顾客心目中加深印象，保持领先地位；同时要利用在人们心目中已经拥有的地位推出新的产品以巩固优势地位。美国可口可乐公司以“只有可口可乐，才是真正的可乐”来暗示顾客可口可乐是衡量其他可乐的标准，在顾客心目中占据了“真正的可乐”这样一个独特心理位置。

（二）攀龙附凤，增强号召力

这种方法常为市场追随者采用。在为人们尚不熟悉或未引起人们足够重视的商品寻找市场的时候，一般采用类比的手法，以在人们心目中有不可动摇地位的商品或品牌为参照，强调诉求商品的重要性。

※实例链接 10－1

2017年，郎酒集团官微首次发布青花郎的全新广告语——“青花郎，中国两大酱香白酒之一”。其完整的广告语为“云贵高原和四川盆地接壤的赤水河畔，诞生了中国两大酱香白酒，其中一个是青花郎。青花郎，中国两大酱香白酒之一”。而此前，青花郎的广告语为“中国高端酱酒青花郎”。据了解，青花郎这一全新推出的广告语是专注做定位咨询的特劳特公司历时4个月的市场调研之后所确定的。

提起酱香白酒，很多人首先想到的是茅台。而青花郎的广告语将自己与茅台并列为“两大酱香白酒”，其借助茅台提升自身品牌形象和品牌价值的用意非常明显。

（三）寻找空隙，突出包围圈

这种方法旨在寻找人们心目中（而不是市场）的空隙，然后加以填补。比如人为地对同类商品进行分类，引导人们将对其他商品的关注，转移到广告商品上。

❖实例链接 10-2

在 20 世纪 60 年代美国竞争异常激烈的可乐市场上，可口可乐、百事可乐和荣冠可乐分割了绝大部分市场份额，七喜汽水公司的处境十分尴尬。1968 年七喜汽水公司运用广告定位的心理方法，把自己生产的柠檬果汁饮料定为非可乐饮料，并不断强调，可口可乐是可乐型饮料的代表，而自己则是非可乐型饮料的代表，以此方法把自己的产品塑造成与强大竞争对手相并列的另一种类型，巧妙而有力地使自己从硝烟弥漫的可乐战场中摆脱了出来，成为非可乐型饮料中首屈一指的名牌。

（四）强调特色，求得一席之地

这种方法为在市场竞争中地位较弱者所采用。该方法是把人们关注的某一问题提出来，同时大力宣传自己在这一问题上的优势，从而在顾客心目中确立区别于同类商品的独特位置。

❖实例链接 10-3

你还记得“白加黑”感冒药片的广告语吗？“感冒了……怎么办……你可以选择黑白分明的方法。白天吃白片不瞌睡；晚上吃黑片睡得香。治疗感冒，白加黑。”这句广告语提出了人们服用感冒药时普遍关注的怕瞌睡的问题，将容易使人产生睡意的镇静成分放在黑片中，既不影响日常工作又睡得香。正因为如此，“白加黑”才得以在竞争激烈的市场角逐中迅速崛起，一举站稳脚跟，成为一个很有竞争力的品牌。

（五）区别对象，找准切入点

这种方法适用于首次进入人们心目中空白领域的情况。企业对产品主张的内涵可以是多方面的，但对于受众来说，第一次感知的信息会在他们心目中留下最深的印象。广告定位要区别自己产品的特定对象，以最为受众所关心的、所注重的内容作为切入点。

❖实例链接 10-4

美国宝洁公司在进入中国内地市场时，从人们尚未接触到的一些概念出发，对原有产品进行了本土化改良。如根据中国的水质和顾客发质的不同，将洗发水产品的成分做了调整，设计出符合受众心理需求的新概念：海飞丝——去头屑；飘柔——洗发、护发二合一，令头发飘逸柔顺；潘婷——含有维生素原 B_5，兼含护发素，令头发健康、加倍亮泽。这些有针对性的广告手法很快征服了受众的心。

二、广告诉求心理

广告诉求是指在广告的策划和设计中，通过对人的知觉、情感的刺激和调动，对人们观念、生活方式的影响，以及对企业、产品特点的宣传，来迎合和诱导人们，以最终激发顾客购买动机的过程。广告诉求的基本目标是唤醒或激发顾客对自身潜在需求的意识和认知。在广告诉求的各项内容中以情感的诉求更为重要，更受到人们的重视。

（一）广告诉求的情感心理方法

1. 顾客对广告的情感反应及其影响

顾客对广告的情感反应有两种类型：一类是积极的反应，如愉悦、兴奋、主动、激昂等；另一类是消极的反应，如气愤、懊丧、焦虑、压抑、厌烦等。情感反应的影响有下述几方面：

（1）影响认知。当情感同广告的内容相协调时，人们的记忆、认知和回忆均比不协调时要好些。一个亲切感人的广告，可以使人在对其产生好感的同时愿意重复接受，进一步了解有关的内容，加深对其的印象，从而获得较多的认知。少年儿童出版社出版的新版《十万个为什么》的广告词是：“十万个为什么，一辈子用得着，几代人忘不了。”用几个数字打头的简短话语，使看过旧版的中年人产生美好的回忆和认同，未看过作品的年轻人也会感觉亲切和新奇。

（2）影响态度。由广告引起的情感会影响对该广告的态度，并进而影响到对该商品的态度和选择。例如，飞利浦广告词“让我们做得更好”、格力电器公司广告语“格力，掌握核心科技”均含有自豪、鞭策、奋发向上、永不停歇的深刻内涵，使人感觉它们虚怀若谷、含而不露，人们对它们的好感由此增加了。

（3）影响体验。情感还会影响使用中的体验。人们受广告中惹人喜爱的主人公的积极情感影响，并通过重复使用体验，就会产生同感。例如，理光照相机的广告词“只要按一下快门，其余的事由我来做”将其产品定位在“方便”上；金霸王电池的承诺——“比普通电池耐用多至7倍”给人们留下了该电池耐用持久、物有所值的良好印象。

2. 广告的情感诉求因素

广告创意中如能在充分体现广告主题的基础上，利用情感诉求来唤起人们较高层次的心理需要，往往可以提高说服效果。广告创意中常用的积极的、高层次的情感诉求因素主要有以下几种：

（1）关爱感。关爱感是常用的情感诉求因素。人们希望获得亲人的关爱、朋友的关爱、社会的关爱。好丽友的一则广告就利用了这一点。

❖实例链接 10－5

“好丽友，好朋友”，这则广告将产品与友情结合，激发消费者情感共鸣。在长城篇广告片中，一群小朋友到长城旅游，有一个小朋友体力不支，他的朋友一直陪着他，但还是落到了最后。当朋友看到他实在爬不动而坐下休息时，想到了一个好主意来帮他。之后他便看到城墙垛上的好丽友，他很惊奇、兴奋，因为那是他很喜欢吃的。他便重新起来并收集着每个垛上的好丽友，才突然间发现自己已经到顶了。当他快乐地享受好丽友时，他的朋友拿着一盒空的好丽友在一旁默默地并快乐地看着。此时旁白出现广告词“真正好朋友，默默帮助你”，“好丽友，好朋友”。广告是紧扣“真正好朋友”这一情感诉求，展现了珍贵的友情，这是人们所渴望拥有的，能引起消费者情感共鸣。

（2）美感。爱美之心人皆有之，从某种意义上来讲，美也是人们获得尊重的一个重要因素。以美感进行情感诉求，非常容易为人们所接受。如女士化妆品的广告常利用这一点，以获得爱美女性对其产品的青睐。

（3）成就感。成就感是人的最高层次需求，广告诉求中常用象征的手法暗示人们，某成功人士使用这一产品，其他购买使用这一产品的人也会像他一样成功。

3. 广告元素对情感的激发

在广告设计中，色彩、图案、文字和音乐都可能与一定的情感体验发生联系。正确合理地使用这些元素，可以诱发特定的情感。

（1）色彩。色彩是具有情感意义的重要元素。由于习俗的影响和社会文化的长期积淀，许多色彩都具有一定的象征意义，能引发某种情感体验，引起某些联想。以箭牌口香糖为例，它有四种口味，分别以四种色彩的纸包装：绿色的是薄荷香型，称为“清新的箭”，其口味清新香醇，令人清爽舒畅；红色的是玉桂香型，称为“热情的箭”，使人散发持久的热情；黄色的是鲜果香型，称为“友谊的箭”，让人缩短相互间的距离，打开友谊的心扉；白色的是兰花香型，称为“健康的箭”，表达运动有益于健康的内涵。

（2）图案。图案是广告设计中最形象化的元素，它能对人们感官产生直接刺激，使人受到感染。中国银行的系列电视广告中有一个是以麦田为主要画面的设计：辛勤的农民、金黄的麦田、人与麦田的呼应……随着这些画面的流动，中国银行的商标出现在画面上。这一系列的图案形象化地向人们展示了“丰饶”“勤奋”“富而不骄”的主题。

（3）文字。广告中的文字包括标题、广告词和文案。标题、广告词应言简意赅，起到画龙点睛的作用。文案可以有一定的篇幅，以使表述更具有感染力。例如，日本丰田车以“车到山前必有路，有路必有丰田车”的广告词赢得了众多消费者的首肯。

（4）音乐。在视听媒介中，音乐能以其优美而富有感染力的旋律，深深地打动听众，发挥其他广告元素难以发挥的独特作用。太阳神广告曾在那段时日里深深打动了人们的心，其中“当太阳升起的时候，我们的爱天长地久”这一激越而又深情的广告歌曲旋律起到了重要的作用。音乐既可配以歌词来表现广告主题，又可用作背景来渲染气氛、加强效果。

（二）广告诉求的理性心理方法

广告诉求除了使用情感的、感性的方法以外，还常使用理性心理方法。理性心理方法根据人们的心理特征，充分说明商品的好处，以促使顾客购买。这类广告方法重视证据，逻辑性强，以理服人，常用权威机构或专家的鉴定或赞许来使人们信服。理性诉求有时可以与感性诉求结合在一起使用。

1. 证实的方法

这是指用事实证明广告所介绍的商品性能可靠、质量优越。一则强效黏剂“超级 3 号胶”的电视广告的画面是：在一个人的鞋底点上四滴“超级 3 号胶”，然后把他倒粘在天花板上，保持 10 秒钟。该广告在法国播出后，6 个月内“超级 3 号胶”的销售量达到 50 万支。需要注意的是，证实的方法一定要实事求是，不能夸大其词。

2. 摆证据的方法

广告诉求若不适宜采用证实的方法，可采用摆证据的方法，即通过提出使用或实验的证据来证明商品的特性。很多洗衣粉的广告就运用了这种方法。

3. 主张的方法

这是一种阐明企业经营宗旨和经营目的的方法。例如，芦荟排毒胶囊原有的广告语为“排毒肠动力，美颜新主张”，给人大而空的感觉。为击中消费者内心最需要的那个“点”，公司围绕“深层排毒”的销售主张，最终从 100 多条广告语中选出“一天一粒，排出深层毒素”作为广告诉求语。

4. 论证的方法

这是用说理向人们诉求的方法。宝洁公司的电视广告最常用的方法之一就是论证法。即首先指出你面临的一个问题来吸引你的注意（有头屑），然后便有一个权威的专家来告诉你，有个解决的方法，那就是使用宝洁的产品，最后，你听从专家的建议，问题就得到了解决（头屑去无踪）。

❖实例链接 10－6

高露洁有一则广告是这样的：一个慈祥亲切、知识渊博的牙医，在向孩子们讲述高露洁牙膏是如何以双层氟化物特护牙齿的。他把牙膏涂抹在白色贝壳的一侧，然后用小锤轻敲贝壳的两侧，没有涂抹牙膏的一侧在小锤的轻敲下塌陷了，而涂抹了高露洁牙膏的一侧则坚固无损。此广告设计的初衷在于牙膏购买是一种经过深思熟虑、反复比较才确定的理性消费。所以高露洁用此摆证据的方法，简洁平实，却具有很强的说服力。

第二节　增强广告效果的心理策略

广告要达到理想的效果，必须在计划、设计、制作和播出的全过程中重视对消费者心理活动规律与特点的研究，巧妙地运用心理学原理，增强广告的表现力、吸引力、感染力和诱导力。广告引发消费者购买的心理过程如图 10－1 所示。针对这几个环节，企业在广告设计、制作、传播等方面要制定相应的心理策略。

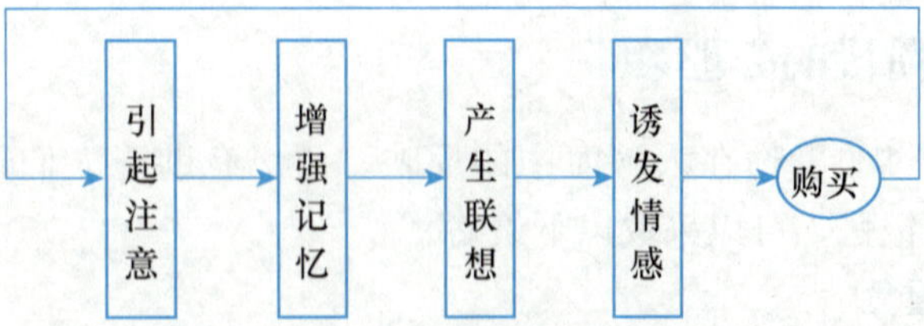

图 10－1　广告引发消费者购买的心理过程

一、引起注意阶段的心理策略

注意是人们对一定事物的指向和集中，是广告心理过程的起点。广告能否引起人们的注意，是能否取得预期效果的基础。为了更好地引起消费者的注意，可以采取如下策略。

（一）提高信息的刺激性

人们每天通过各种媒体可接触到成百上千条广告信息，这些信息中的大部分都被忽略了，据研究表明，只有其中约 5%的信息才能引起人们的注意。这些引起注意的信息首先是对人们的感官有较强的刺激，从而引起人们无意或有意的注意。刺激性强的广告信息的特征是具有变化性。表演展示中活动模特身上穿的服装就比橱窗中挂着的服装更容易引起人们的注意；摆放在粗砂石粒上的精美手表的广告画面，一粗一精的强烈对比，使消费者充分注意到手表的精致、华美；在霓虹灯广告中，可以闪动的部分往往成为注意的焦点。

（二）提高信息的趣味性

人们对有趣味的信息会表现出兴趣，更加注意。如“大胆地举起双手吧”（某除臭液广告语）、“聪明不绝顶”（美加净生发灵广告语），给人们的印象就较之同类商品广告语深刻。

❖实例链接 10－7

美国有一个丝袜的产品广告很成功，此前这个品牌在市场上毫不知名，但是通过这个广告，其产品竟然一夜成名，十分畅销！广告画面很简单，镜头中先是出现一双美腿，接着开始由下往上移动，脚、小腿、大腿……显现出一幅美女美腿图。但当镜头拉开的时候，人们发现电视中的人物竟然是个男的，美国著名的棒球运动员！接着运动员告诉人们：“如果我穿上了丝袜都能如此漂亮，漂亮的女士们就更不用说了！”广告播出后的第二天，这种丝袜就开始了它的畅销之旅。

资料来源：冯军．消费心理学．北京：对外经济贸易大学出版社，2008.

（三）提高信息的有用性

凡是能够帮助人们做出满意购买决策的信息，就是有用的信息。尤其是当商品的价格比较高，人们对它又不熟悉的时候，这一点就显得更为关键。台湾一则不需要清洗的抽油烟机广告语是“抽油烟机免洗的时代来了”，“免洗”二字突出了商品的优点。

二、增强记忆阶段的心理策略

记忆是以往经历过的事物在人脑海中的反映。记忆有助于人们加深对广告商品的认同。要增强消费者的记忆，可以采取以下策略。

（一）进行多次重复

心理学家研究证明，人的感觉记忆时间很短，只能保持 0.25～2 秒。受到注意的感觉记忆可转化为短时记忆，短时记忆的时间略长于感觉记忆，但最长也不超过 1 分钟，容量只不过有 7±2 个记忆单位。重复可以使短时记忆转化为储存时间超过 1 分钟的长时记忆。多次的重复可以使人对所接触到的信息留下深刻的印象，直至保持终身的记忆。

（二）采用形象化方式

一般来说，直观的、形象的、具体的事物比抽象的事物更容易给人留下印象，加深人们的记忆。直观形象是人们认识事物的起点，它使人一目了然，有助于人们掌握事物的概貌，增强知觉度，提高记忆效果。如果说图文并茂、色彩绚丽的画面能比光有文字的页面给人以更深的印象，那么原因就在于画面的具体视觉形象所起到的独特作用。一般来说，枯燥无味的电话号码人们很难记得住，而上海强生出租的叫车电话（62580000）以谐音“侬让我拨四个零”做顺口溜，可帮助人们进行形象化记忆。

三、产生联想阶段的心理策略

广告在人们心理活动过程中的作用还表现在联想上。联想是由一事物的经验想起另一事物的经验。要激发消费者的联想，可以采取如下策略。

（一）激发接近联想

促使消费者在空间或时间上相接近的事物之间形成联想。比如由光盘可以联想到 CD 机、DVD 机，由打火机联想到香烟。

（二）激发相似联想

由对一事物的感知或回忆引起的，对和它在形状上或性质上类似的事物的回忆，形成相似联想。

❖实例链接 10－8

在美国，有一种啤酒是不必用开瓶器打开的。其广告画面是一位 50 岁左右、其貌不扬、衣衫褴褛的男子，右手拿着啤酒，对着观众说：“今后不必再用牙齿了。”尔后很得意地一笑。就在他笑的一瞬间，人们发现他没有两颗门牙。当人们看到这位没有门牙的酒鬼，马上就会联想到自己在没有开瓶器开啤酒时常用牙咬的情景，现在这位没有门牙的酒鬼都能不用开瓶器、不用牙咬而打开啤酒，可想而知，这种啤酒是多么容易被打开，所以很快就强烈地感受到这种啤酒的好处和特点。这则广告很巧妙地运用了相似联想（对比联想）的原理。

资料来源：汤俊峰，杨学军，等. 成功广告案例评析. 北京：中国商业出版社，2001：80.

（三）激发对比联想

引导消费者对具有不同特点、相反特点或相反性质的事物之间形成联想。比如人们常由我国乒乓球运动的长盛不衰联想到对足球运动发展的困惑和迷茫。

（四）激发关系联想

推动消费者由事物之间的各种联系而产生联想。比如由太阳可以想到温暖，由茶叶、咖啡联想到提神、醒脑。

四、诱发情感阶段的心理策略

广告的诉求对象是人，人具有各种欲望和情感，因此，广告的传播应充分注意广告的感情色彩。一则具有浓厚感情色彩的广告能以其亲切感人之处，对消费者产生强而有力的心理冲击力，引起感情共鸣，继而再用正确的消费意念去说服他们采取购买行动，也就是将情与理有机地统一，以情诱导，以理说服，这样的效果更好。

❖实例链接 10－9

在京剧的音乐背景下，周润发百年润发广告篇给观众讲述了一个青梅竹马、白头偕老的爱情故事：男女主人公从相识、相恋、分别和结合都借助于周润发丰富的面部表情表现了出来：爱慕状、微笑状、焦灼状、欣喜状。而白头偕老的情愫是借助于男主人公一往情深地给“发妻”洗头浇水的镜头表现出来的。

白头偕老的结发夫妻和头发，这在中国历史上本身就有着深厚的文化内涵，此时配以画外音：“青丝秀发，缘系百年”，然后推出产品：“100 年润发，重庆奥妮!”——把中国夫妻从青丝到白发、相好百年的山盟海誓都融入了“100 年”润发之中。

资料来源：贾洪芳，韩鹏. 广告策划. 北京：北京大学出版社，2010.

第三节　购物环境与消费者行为

购物环境是指包括建筑外观、橱窗设计以及商场内部布置在内的商场宏观与微观环境，对顾客购买心理的形成和发展有着很大的影响。根据顾客在进入商场前的预期心理要求确定适宜的经营场所，是成功实施商业经营的第一步。

一、建筑外观与橱窗设计心理

（一）建筑外观设计心理

商场的外观包括商场建筑物、商店门面和出入口等商场的外部形象。它是决定能否引起顾客良好心理反应的重要因素。

1. 建筑结构设计心理

（1）商场建筑的心理功能。建筑是一种艺术，是物质和精神的统一。商场建筑不仅具有形态功能，也具有心理功能。从形态功能来讲，它应满足作为购物场所的空间需要；从心理功能来讲，它应能给人以形式美感，使人产生美的愉悦，由此促成良好的购物情绪氛围，吸引更多的顾客。

（2）不同的建筑结构和材料形成不同的商业形象。1851 年伦敦为第一次世界工业博览会建造的展览馆"水晶宫"，以预制铁件安装成型，表面全部镶上玻璃，内部宽敞明亮，外观晶莹轻灵，使人耳目一新，后来被许多追求时尚、新颖的商业场所争相效仿。上海豫园商城的成片仿古建筑，犹如形态各异的亭台楼阁，古色古香，具有浓郁的民族特色，让人感觉仿佛置身于百年以前的老城厢，加上聚集了众多闻名遐迩的传统商店和特色商品，吸引了国内外众多游客前往旅游、购物。

2. 门面设计心理

（1）招牌设计心理。传统商场正门上方的装饰常使用木制的匾牌，上面用油漆书写美术体店名。这种匾牌色彩单调，现在已不大使用。现代商场常使用各种材质制作而成的、与临街门面的宽度相匹配的"通栏"招牌，底色能很好地衬托出文字。为加强对人们感官的刺激，底色与文字使用的色彩之间应有一定的反差。有的招牌制作成灯箱，有的做成立体式的，并在文字的外围、底面或整体招牌的外圈配置霓虹灯，视觉效果很好。

（2）门体设计心理。门体及其两边的侧翼是人们在商场外以平面视线注目的部分，是吸引人们进入店堂的面积较大的场景，其设计是门面设计的重要部分。为增加透明度和光亮感，现在很多门体及其两翼常常尽量减少甚至取消原来设计中使用的木架或金属架，采用大面积玻璃架构。透明、宽大的门体及其两翼可以使人对商场内部场景一目了然，充分感受到商家的坦诚与热情。

3. 出入口设计心理

出入口是顾客从店门到货架、进出商场的通道，在设计上应以方便顾客出入、形式大方、宽度足够、能吸引顾客的视线为基本考虑点。大型商场进出人流较多，出入口也相应地要开设数个，以满足顾客从不同方位方便进出的要求。如果出入口的位置和宽度设置不合理，造成拥挤的现象，会使人望而却步，造成客源的流失。从出入口开放程度来看，可设计成以下几种类型：

（1）封闭型。店门出入口较小，临街的一面有时用橱窗或有色玻璃遮蔽。这种类型的出入口适用于经营金银首饰、名贵工艺品、艺术瓷器等高档商品和特殊商品，以及经营西餐、咖啡饮料等的商店。顾客会因其封闭的出入口而对商店产生神秘、幽雅、高贵的感觉，这类商店的主体顾客为具有特定消费意向的人群。由于客流量不多，故不会影响顾客的出入。

（2）半开型。出入口占门面的一半左右，出入口两翼临街的一面常设置橱窗，陈列各式新颖而形象生动的样品。这种出入口布置适宜于经营时装、化妆品、医药用品、文化用品等大众化商品的商店，顾客可以通过橱窗和店门看清店内的大体布局，能够比较方便地进出浏览和购买商品。

（3）全开型。临街的一面全部开放，出入口尽可能大，顾客在路过时很容易看清商场内部的商品摆设。这种设计适宜于经营食品、水果、蔬菜等商品的商店，顾客进出商店无任何障碍。此类商场销售的商品是与人们关系最直接的生活必需品，面向的顾客面最广，因此出入口设计较简捷，能满足顾客方便、实用、经济的心理需要。

（4）畅通型。常设有两个以上店门，有的还明确区分和标明出口、入口位置。这种类型的出入口适用于规模宏大、客流量众多、经营品种繁杂的商场，比如百货商店、超级市场、大型商场等，可给人以气派之感，能最大限度地满足人们进出商场的需要。

（二）橱窗设计心理

一个构思独特、手法新颖、装饰美观的橱窗布置，既可以与整体商场建筑结构和内外环境一起构成美丽的立体画面，使顾客感到美的享受，又可以起到具体商品购买导向的作用。

1. 橱窗设计的心理功能

橱窗是商场与商业街之间的接触界面，是商场外观的重要组成部分，也是顾客进入商场前视觉最先接触到商品信息的场所，对于人们的购物心理具有显著的影响。

（1）唤起注意。在现代社会中，新产品不断推向市场，商品的品种越来越丰富。面对琳琅满目的商品，人们不免眼花缭乱，这时橱窗的推介作用就凸显出来了。

（2）引发兴趣。橱窗的最大特点是以商品实物的形态向顾客做商品推介，形象而又生动。人们视觉上的注意会激发情绪上的兴趣，从而产生想要进一步了解商品的愿望。

（3）激发动机。橱窗展示采用特殊的表现手法，全方位运用光线、色彩、造型手段，可以淋漓尽致地将商品的形象、性能、功用加以渲染，让人产生这是一种无与伦比的美妙商品的感受。注意和兴趣的积累，往往会导致形成一种欲望，想象自己是画面中的主角，于是产生“心动不如行动”的想法，乐意购买该商品。

◈实例链接 10－10

独具匠心的橱窗内部物品摆放的设计布置是许多著名的大商店非常重视的一件大事。美国劳伦泰勒的高档珠宝礼品店的橱窗在每年的圣诞节前一个多月就蒙上了彩布，艺术家按其一年一度的设计方案，在里面精心布置，一周过后，当圣诞节购物高潮开始时，在乐队的伴奏下，摄影师镁光灯的闪烁中，翘首盼望的观众的欢呼声里，橱窗帷幕徐徐拉开向人们展示，瞬间产生的轰动效果令人惊奇，相关媒体的记者争相报道这一橱窗的艺术风姿。这种精心设计、创意独特的橱窗，营造了一种高档、雅致的营销环境和购物氛围，并且无形之中吸引了广大消费者的注意，起到了比较好的塑造企业形象的效果。

资料来源：刘军. 消费心理学. 北京：机械工业出版社，2012：302.

2. 橱窗设计的心理方法

要搞好橱窗设计，需要从心理学角度出发，采取以下有效方法，对顾客施加心理影响：

（1）精选商品，突出主体。橱窗所要推介的主体是商品，顾客观看橱窗是为了获得商品信息，为选购商品提供参考。但商场中经营的商品种类繁多，不可能把所有商品都陈列出来。橱窗设计一定要精心选择商品，把那些适应季节、功能独特、式样新颖、造型美观、易于流行的新产品或特色商品突出地介绍给人们。要避免陈列那些商场不经营或货物供应不正常的商品，以防止顾客在产生兴趣后又无法购买到而产生失望感。

（2）塑造形象，以美感人。橱窗陈列中，要运用多种艺术手法，生动巧妙地加以布置，较好地烘托商品的外观形象及品质特征，以满足顾客的审美心理。一个成功的橱窗设计，就如同一件优秀的作品，具有强烈的艺术感染力，使顾客在观看中获得美的享受，在美的享受中加深对商品的印象。

（3）进行渲染，启发联想。用以景抒情的艺术手法去体现主题，对陈列商品进行描绘和渲染，构成完美协调的立体画面，是橱窗设计中经常使用的方法。这能让商品陈列更加耐人寻味，使顾客产生丰富的联想，进而激发购买欲望。

二、商场内部设计心理

商场内部设计包括商品和货架的陈列、购物场所的音响与温湿度控制、内部照明的光线安排及色彩调用等内容。理想的内部设计应为顾客提供方便购物的条件，给顾客的感官以平和的刺激作用，使人们在购物现场心情愉悦、兴致勃勃，获得最大限度的满意，从而促成购物行为。

❖实例链接 10－11

宜家的商场布置显示着对顾客的重视。宜家的卖场设计有其标准规范，进入商场后，地板上有箭头指引顾客按最佳顺序逛完整个商场。主通道旁边为展示区，展示区的深度不会超过 4 米，以保证顾客不会走太长的距离。展示区按照客厅、饭厅、工作室、卧室、厨房、儿童用品和餐厅的顺序排列。这种顺序是从顾客习惯出发制定的，客厅最为重要，接着是餐厅，工作室紧随其后，卧室是最后一个大型家具区。这种展示方式有利于给客户一个装饰的整体展示，同时有利于连带购物。

资料来源：http//baike. baidu. com/view/5861. htm.

（一）商品陈列心理

商品陈列是商场内部设计的核心内容，也是直接激发顾客产生购物行为的重要因素。商品陈列的基本要求是贴近顾客心灵，方便顾客购买，形成购物“时点激励”。

1. 层次清楚，高度适宜

（1）层次清楚。顾客进入商场后，无论是有意识地购买特定商品，还是无计划地进行浏览，大多要对陈列的商品进行环视扫描，以对所看到商品的属类做出判断。当发现自己感兴趣的一类商品后，顾客就会停下来仔细寻找、观察和挑选。因此，商品的陈列要有层次感，同类商品应尽可能地陈设在邻近的位置上，以减少顾客寻找的时间。

（2）高度适宜。商品陈设的高度要能使商品比较容易地进入人们的视线。研究发现，普通身高的顾客无意识展望的高度为0.7～1.7米，上下幅度约为1米。仰起头来观看陈列过高的商品或蹲下去俯视陈列过低的商品，往往会引起不舒适和不悦感，是人们不愿意做的事情。

2. 适应习惯，便于选购

对不同种类的商品，人们有不同的购买习惯。为符合顾客的购买习惯，商品的陈列应体现一定的规律。

（1）“低值易耗”商品。这类商品是人们日常生活中消耗量大、需求弹性小、价格比较低廉、一般没有明显消费层次的商品，诸如饮料、烟酒、糖果、蔬菜、水果、清洁用品、油盐酱醋等。这些商品使用频繁，各品牌的性能接近，选择余地小，人们希望购买方便、交易便利，因此，可以陈列于最明显、易于速购的地方，如商店的底层、过道和出入口。

（2）衣着出行用品。这类商品是人们生活中用于穿着打扮或出行的物品，常能显示一个人的气质、审美特点和消费层次，比如时装、皮鞋、提包等。这些商品有一定使用期，款式、价格差异比较大，人们在购买时往往要进行仔细的比较，常要对价格、款式、色彩、质量等进行综合性的思考才会做出购买决定。这类商品应陈列于商场内空间比较宽敞、光线比较充足的地方，便于顾客接触或接近商品，进行比较和思考，从容地进行决策。

（3）家用贵重商品。这类商品属于人们居家使用的高档生活消费品，体积比较大、使用寿命长，诸如电视机、电冰箱、空调、组合音响、高档家具等。此类商品各品牌的规格、性能、质量差异常常很大。因其价格高昂、使用周期长、占用空间大、售后服务要求高，人们在购买前必然要花较长的时间进行比较，考虑购买的时机、商家和品牌。因此，商场应选择店内比较深入、幽雅的地方，设立专门的区域，提供咨询服务，以满足顾客慎重决策、求信誉、求放心的心理需求。

3. 清洁整齐，疏密有致

（1）清洁整齐。商品的陈列不仅要讲究层次、部位，而且要给人以干净、整洁之感。货物上如有积灰应随时清除，否则会使人“倒胃口”。

（2）疏密有致。要注意商品陈列与货架的疏密得体、错落有致。货架上商品的陈列必须丰满，随时填补货物销售后留出的空间，给人以丰富、充实的感觉，但也不能塞得严严实实，以免使人感觉沉闷、压抑。货架之间的通道应畅通，宽窄要适宜，以给人留下思索的余地、想象的空间。

（二）购物场所的环境心理

购物环境对人们的购买行为和销售员的工作效率具有极大的影响。好的购物环境可使人感到心情舒畅、舒适愉快、悠闲自如，促成购买行为；反之，则会使人产生厌烦、焦躁、抵触情绪，急于离开现场。

知识链接 10-1

贝克（J. Baker）在1987年就指出，以顾客的视角来设计营业环境，可以在顾客心中产生特定的情感影响，从而增加购买可能性。营业环境越符合顾客的要求，购买需求越旺盛。他将营业环境的要素分为三类：（1）背景要素，即环境中能够潜在影响顾客的背景状况，如温度、音乐、噪声以及灯光等属性；（2）设计要素，是指那些能够让顾客直接感知到的美观感受，包括色彩、布局以及建筑特色等要素；（3）社交要素，指环境中有关人的因素，包括环境中的顾客和公司员工以及由人产生的拥挤感。

1. 音响设计心理

广义的音响主要包括三个方面：一是店堂内播放的背景音乐；二是通过广播播发的语音信息；三是一些销售员为顾客演示商品性能供人试听而发出的各种声音。

（1）背景音乐设计心理。在商场中，适度的背景音乐可以调节顾客的情绪，活跃购物气氛，给购物环境增加生机，还可以缓解少数顾客的紧张心理。

背景音乐的基本要求是音质清晰，音乐的题材适合特定场所的购物环境。若商场销售的商品地方特色明显，可播放一些民族音乐；若商场的现代气息比较浓郁，可播放一些现代轻音乐；若商场的艺术色彩比较浓厚，可播放一些古典音乐；若主要消费对象是青年人，可多播放一些流行音乐；而若以中老年顾客为主，可播放一些怀旧金曲。总之，要使顾客的情绪在音乐的映衬下能与商场的主体风格产生共鸣。

背景音乐的音量不能太大。太大的音量无助于放松顾客的心情，反而会使人心情紧张、头脑发胀，破坏其购物兴致，导致顾客因无法忍受而急于离开。

（2）语音信息播放心理。语音信息主要包括商品广告信息、各种提示、寻人启事等。这类信息的音色要比较柔和，使人有亲切舒适的感觉。由于语音较容易受到周围噪声的干扰和掩盖，会影响人们对所含信息的接收，因此要求清晰度高，音量略大于背景音乐。

人们对语音信息的敏感度要高于音乐信息，接收中需要更多的注意力，时间长了容易产生疲劳感。所以，播放的时间长度要掌握好，并保持一定的间隔。广告的播放更要注意限制数量和长度，减少重复，以免使人久听产生厌恶、烦躁的情绪。有的商家想招徕顾客，在商店门口反复播放广告，且音量过高，结果往往事与愿违，不仅没有吸引来客人，还吓跑了原想光顾的顾客。

（3）其他声音发送心理。挑选商品时，比如挑选收音机、收录机、电视机和组合音响时，往往需要演示性能，供人试听。这时发出的各种声音非常难以控制。假如近处有几人同时挑选这类商品，试听的声音往往此起彼伏，音量过大，会形成严重的噪声。

商家应严格控制此类声音和其他噪声，尽可能排除音源，降低音量，以创造一个相对宁静的购物环境。

2. 微气候与营销心理

微气候是指在商场范围内特有的气候条件，主要包括气温、湿度和空气质量。在商场中，微气候的状况对顾客和销售员的购销情绪有直接影响。

（1）气温与营销心理。气温是评价营业场所气候条件的主要因素，对人们的影响最为直接。商场的气温受季节和客流量的影响。气温过高或过低都会引起人们的不舒适感。比如，在骄阳似火、汗流浃背的夏天，人们无心在闷热的店堂里多留片刻，自然无法形成购物冲动。现在，商场里安装冷暖空调已不是奢侈之举，它是满足人们生理和心理双重需要的基本设施，适宜的气温有助于人们形成良好的购物情绪和欲望。

（2）湿度与营销心理。湿度是表明空气中水分含量的指标。人们一般对湿度的注意程度要远低于对气温的注意程度。如果是在高温季节里，再加上潮湿的空气，会使人觉得更加不舒服，购物欲望荡然无存。空调在制冷过程中可以有效地降低空气中的水分，提高人们的舒适度。

（3）空气质量与营销心理。营业场所是人群集中的地方，在有限的空间中，大量集聚的人们呼出的二氧化碳，加上营业过程中产生的各种灰尘，会使空气受到污染，导致空气质量明显下降，从而使人们的感官受到有害的刺激，引起烦闷、焦虑等情绪，影响正常购物活动的进行。商场应安装必要的设施，保持空气的流通，以清新适宜的空气满足顾客的生理需要，使顾客拥有舒适、愉快的心理感受。其实这也是营业员调节情绪、提高服务质量的重要前提条件。

3. 商场内部照明心理

营业场所明亮而又柔和的照明，不仅可以缩短顾客选购货物的时间，提高营业员的工作效率，而且对吸引顾客的注意力、引发良好的购物情绪具有明显的心理作用。商场内部照明可分为自然照明、基本照明和特殊照明三种类型，它们对顾客心理具有不同的功用。

（1）自然照明与营销心理。自然光柔和、明亮，使人心情舒畅，是最理想的光源。商场设计中应考虑最大限度地利用自然光，如增加玻璃顶面、玻璃墙面的面积。但自然光受季节、营业时间和气候的影响，不能完全满足商场内部照明的需要，因此需要其他照明补充。

（2）基本照明与营销心理。基本照明通常是在天花板上以安装荧光灯为主的一种照明方式，为整个营业场所而设置。这种照明灯光模拟自然光的光谱频率，光色比较柔和，只是紫光的成分比较多，但一般人们也乐意接受。

照明光度的强弱要视经营品种和销售对象的特点而定。对于服装和出行用品，光度可适当强些，以便人们仔细挑选；对于“低值易耗品”，光度可以弱些，因为人们不会认真挑选。以中老年人为主要销售对象的商品，应比以青少年为主要销售对象的商品照明光度强些。营业场所的里端应比外端更亮堂，以吸引人们走过更多的货架。一般来讲，照明光度强些，可调动人们的情绪，使人产生开朗、兴奋的感觉。但在餐饮场所，特别是伴侣会面的咖啡馆等，灯光则要适当暗淡一些，使人们能平静地进行交流。

（3）特殊照明与营销心理。特殊照明是为了突出部分商品的特性而布置的照明，目的是凸显商品的个性，更好地吸引顾客的注意，激发顾客的购买兴趣。特殊照明多采用聚光灯，实行定向照明，常用于金银首饰、珠宝玉器、手表挂件等贵重精密而又纤巧的商品，不仅有助于顾客仔细挑选、甄别质地，而且可以展现商品的珠光宝气，给人以高贵稀有的感觉。国外有的商店还在女更衣室中使用桃红色灯光，因为在这种灯光的照射下女性的肤色显得更白皙红润，试衣者会感觉这件衣服穿在身上能使自己更显美丽，从而大大增加了服装的销售量。

4. 营业场所的色彩设计心理

营业场所的色彩运用既是一种装饰，又是一种经营手段，对人们的心理会产生特殊的影响。色彩在营销场所具有的特殊的心理作用有如下一些：

（1）冷暖感。色彩可以改变人们对特定场所温度的感觉。在赤橙黄绿青蓝紫的七色光谱中，越是居于前面的色调温暖感越强，越是处于后面的色调寒冷感越明显。赤橙黄为暖色调，绿青蓝紫为冷色调。同样是一间以红色基调为主布置的儿童物品专营区，在寒冷的冬天会让人感到温暖如春，吸引人慢慢浏览商品，而如果是夏日里进去，又无空调，则会让人更加感到热浪滚滚，迫使人想赶快离去。

（2）大小感。明亮度高的色彩具有放大感，而明亮度低的色彩则具有缩小感。同样尺寸的黑白两件物品放在一起，可使人感觉白色物品较大，而黑色物品显得相对要小些。

（3）抑扬感。空间小的营业场所一定要使用浅色作为周围环境颜色，这样可使人感觉场所并不小。暖色调中的红、橙等颜色能使人心情兴奋，行动活跃，但也会使人神经紧张，引起不安。在红色调的照明下从事工作可使动作反应加快，但效率却不会高。冷色调中的青色、蓝色能使人精神受到抑制，产生镇静、肃穆的感觉。

（4）象征感。不同的色彩还能引起人们不同的联想，具有某种象征感。黑色是严肃、悲哀的象征，给人以庄重、雅致之感；白色是纯洁、朴实的象征，给人以神圣之感；红色是喜庆、热情的象征，给人以热烈之感；绿色是青春、生命的象征，给人以恬静、新鲜之感；黄色是富贵、华丽的象征，给人以明快、跳跃之感；蓝色是安静、智慧的象征，给人以幽雅、清凉之感。另外，各种颜色的不同组合，也会使人产生不同的联想，引起不同的感觉。

知识链接 10－2

一些主要色彩所具有的感觉和心理如表 10－1 所示，在进行色彩设计时应善于利用色彩的感觉和心理对顾客产生影响。

表 10－1　色彩设计中的色彩感觉与色彩情感

色彩	色彩感觉	色彩心理
红色	暖色	温暖、喜庆、刺激、愤怒、热情、活力、强有力
橙色	暖色	激奋、轻快、欢欣、热烈、温馨
黄色	暖色	温暖、快乐、希望、智慧、轻快、灿烂辉煌
绿色	冷色	和睦、宁静、健康、安全、希望、富有生机
蓝色	冷色	永恒、博大、凉爽、清新、平静、理智、忧伤
紫色	冷色	高贵、神秘、压迫
黑色	中性色	深沉、神秘、寂静、悲哀、压抑、庄严、肃穆
白色	中性色	圣洁、广垠、明快、纯真、清洁、恐惧、哀伤

资料来源：于惠川，等. 消费者心理与行为. 北京：清华大学出版社，2012：285－286.

本章小结

1. 广告是通过一定的媒介向目标对象传播商品信息的活动过程。广告中常用的定位方式包括以下五种：卓越超群，舍我其谁；攀龙附凤，增强号召力；寻找空隙，突出包围圈；增强特色，求得一席之地；区别对待，找准切入点。广告诉求包括情感心理方法和理性心理方法。

（三）产品的使用目的

产品的使用目的是指消费者为了获得什么样的具体功能而使用产品。例如，消费者是将方便面作为正餐食用，还是作为夜宵，抑或仅仅是为了更换一下口味？消费者从产品当中一般可以获得两种功能：工具性功能和象征性功能。工具性功能实际上就是产品本身的物理功能。例如，衣服可以为人们遮体保暖，冰箱可以为人们冷藏食品和饮料。象征性功能是一种延伸功能，它指的是产品给人们带来的美感或形象强化。例如，漂亮的衣服能够给人们带来审美的满足，同时也能够标志一个人的身份或地位；双开门的大容量冰箱能够使得居室显得更加气派和现代。

（四）产品的使用方式

产品的使用方式是指消费者如何去使用某种产品。不同的消费者可能会购买同一产品，但却以不同的方式去使用。例如，同样是喝咖啡，有些地区的消费者喜欢加奶油，另一些地区的消费者则不喜欢加奶油；有些地区的消费者喜欢用无把的杯子，而另一些地区的消费者则喜欢用有把的杯子。了解这些情况，有助于咖啡的生产经营者在不同地区进行差异化的广告宣传。

二、产品与包装的处置

在产品使用的过程中，不[illegible]会发生产品与包装的处置问题。其中，包装的处置一般发生在产品使用之前或之后，而产品的处置通常发生在当消费者不再使[illegible]一产品的时候。

包装的作用主要在于保护商品，便于运输、携带、储存和[illegible]化商品并促进销售。大部分的包装在产品开始使用之后就失去了其原有的功效，[illegible]部分可能转为其他用途（如玻璃瓶可用于盛水）之外，大部分包装都是被作为垃圾扔掉或被回收利用。用尽可能少的资源制作包装物，一方面有利于企业降低成本，另一方面也有利于减少资源消耗，促进社会的可持续发展。在有些细分市场，包装的成本高低以及能否回收和再利用，已经成为消费者决定是否购买某种产品的一项重要属性。

当消费者不再使用某一产品时，就会面临产品处置的问题。消费者在面临产品处置问题时，可以按图 11－1 所示的各种方式来处理。

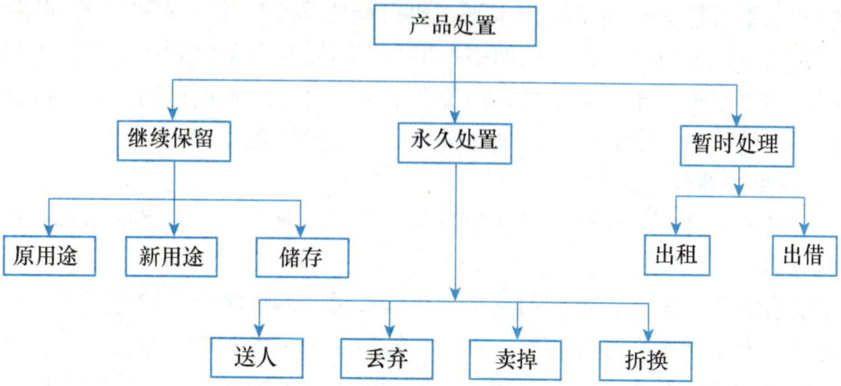

图 11－1　产品处置的各种方式

一般来说，产品的价值越大，消费者越有可能通过获取一定收入的方式来进行处置，例如电冰箱和电视机等产品通常会被出售；而产品的价值越低，消费者就越有可能采取随意丢弃的方式进行处置。

※实例链接 11-2

高科技产品（如手机、电脑和其他个人电子产品）迅速扩大的需求及使用寿命的缩短，导致了日益令人关注的电子垃圾（e-waste）问题。商家和消费者都需要解决这个问题。一些知名公司正在采取措施减少电子垃圾。

- 索尼现在正在与一家回收公司合作实施一项回收计划，这项计划可以让索尼完全用回收的材料生产新的产品。索尼也希望能从这项计划中获利，因为在其产品的电子垃圾中有铜等珍贵的原材料。
- 诸如惠普（HP）、欧迪办公（Office Depot）等公司都参与了处置墨盒的活动。惠普为客户准备了付好邮资的包裹，以鼓励客户将废弃的墨盒免费寄回其回收中心；欧迪办公则给予那些提供废弃墨盒的客户折扣，让他们更加便宜地购买新墨盒。

第二节　消费者满意

一、消费者满意的含义与意义

（一）消费者满意的含义

消费者满意是消费者对所购产品或服务期望的功效与实际功效进行比较后所形成的一种感受。消费者在购买某种产品或服务之前，会对这种产品或服务的表现或效果形成一定的期望，而在使用过程中或产品使用完毕之后，消费者还会对产品的表现或效果形成感知。这一感知水平可能明显高于期望水平，也可能明显低于期望水平或与期望水平持平。而消费者是否满意，就取决于最初的期望水平和实际感知水平之间的比较。如果消费者实际感知的产品功效水平低于期望水平，消费者很可能会感到不满；而如果实际感知的水平高于期望水平，消费者一般就会产生满意甚至是忠诚的感觉。

（二）消费者满意的意义

在买方市场的条件下，让消费者感到满意是决定企业生存与发展的基础。这具体表现在以下几个方面：

（1）消费者满意是消费者重购的基础。一般来说，满意将会导致重复购买和对品牌形成偏好与忠诚，而不满则会导致抱怨、投诉、转换品牌和不利的信息传播。例如，对消费者购买汽车行为的研究结果表明，对购买感到高度满意的顾客在下一次购买时会倾向于再次购买该品牌。

（2）消费者满意有助于形成良好的口碑。消费者通常会与他人讨论自己的消费经历，彼此交换自身的消费体验。满意的消费者不仅会积极重购，而且还会在这种交流过程中积极向他人推荐他所感到满意的产品。这种交流比商业性信息传播更可信，也更容易为他人所接受。正如营销人员常说的那样："满意的顾客就是我们的广告。"

知识链接 11-1

口碑营销实际上早已有之，地方特产、老字号厂家商铺及企业的品牌战略等，其中都包含有口碑营销的因素。网络营销则是互联网兴起以后才有的一种网上商务活动，它逐步由门户广告营销、搜索广告营销发展到网络口碑营销，也就是应用互联网的信息传播技术与平台，通过消费者以文字等表达方式为载体的口碑信息，其中包括企业与消费者之间的互动信息，为企业营销开辟新的通道，获取新的效益。

(3) 消费者满意是提高企业获利能力的重要途径。越来越多的企业认识到顾客满意和维系现有顾客对于提高获利能力极其重要。有研究表明，获取一位新顾客的成本是留住一位老顾客的成本的 5 倍；而企业如果将顾客流失率降低 5%，其利润就能增加 25%～85%。而要有效地留住顾客，最有效的办法就是提高顾客的满意度。

知识链接 11-2

维系客户可以带来更高的盈利能力。图 11-2 展示了顾客维系的年份与客户对利润的贡献之间的关系。其中，溢价指的是重复购买者或忠诚的客户倾向于持续购买该品牌，而不是等待降价或不停地讨价还价；举荐指的是由现有客户的推荐而获得的新客户所带来的利润；更低成本的出现是因为厂商和客户都知道如何在长期内更有效地相互配合；最后，客户在长时期内倾向于使用一个厂家的更多类似的产品和服务。

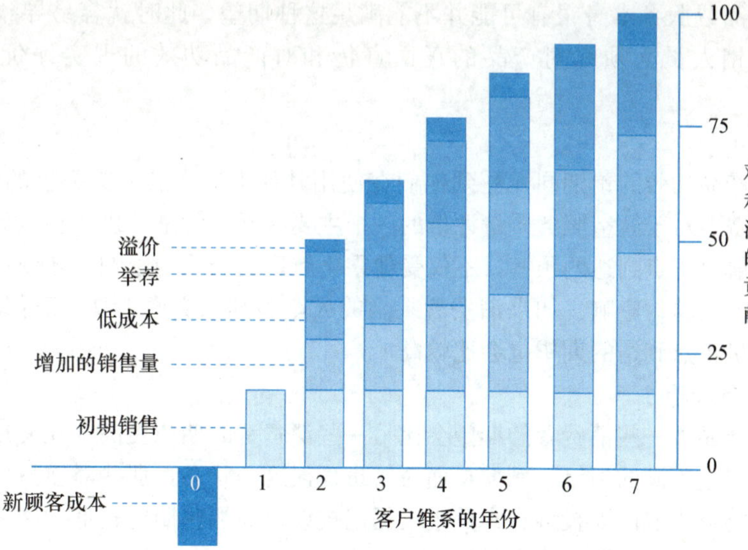

图 11-2 不同年份顾客盈利增长的来源

二、影响消费者满意的因素

消费者满意源于对所购产品或服务的期望功效与实际功效之间的对比，同时，还受对交易公平性的认知和归因的影响。影响消费者满意的因素可以划分为四种。

（一）消费者的期望

有关消费者期望对于消费者满意的影响，最重要的一个理论是期望失验模型。根据这一模型，消费者会基于以前使用产品的经验、与其他人的交流以及企业所进行的产品信息传播而形成对于产品功效的信念和期望。如果产品的实际功效低于消费者的期望，就会产生负面失验，这会增加消费者感到不满意的可能性；如果产品的实际功效超过消费者的期望，就会产生正面失验，这会增加消费者感到满意的可能性；而如果产品的实际功效正好等于消费者的预期，就会产生期望验证。研究表明，在期望验证的情况下，消费者可能不会有意识地去考虑他们对产品的满意程度。

影响消费者期望的因素主要包括：

1. 产品自身因素

消费者以前使用产品时所获得的体验、产品的价格高低以及产品的物质特性都会影响顾客对产品的期望。因此，如果产品以往的性能很好，或产品的价格高于同类产品的一般价格水平，那么消费者通常会对该产品形成比较高的期望。例如，相对于国内家电，进口家电的价格一般要高一些，相应地，人们对于进口家电性能和质量的期望通常也较高。

2. 促销因素

企业如何利用广告和人员推销的方式宣传产品也会影响消费者的预期。一般来说，营销人员往往都很强调本企业产品质量或服务好，但这种强调会导致消费者形成比较高的预期，而产品或服务本身很有可能并不能满足这种期望，此时就容易导致消费者的不满。因此，营销人员必须在对产品的正面宣传和对产品功效的现实评价之间找到均衡点。

3. 其他产品

消费者对产品功效的预期同样受到他们在使用其他类似产品或服务上的经验的影响。例如，影响消费者对于航空服务质量评价的一个主要因素，就是航班的正点到达。而乘客对于某一班次航班正点到达的预期，不仅受他乘坐航班的经验的影响，还受他乘坐火车和其他交通工具的经验的影响。如果消费者乘坐的火车和其他交通工具一般都会正点到达，那么他对于飞机正点到达的期望也会比较高。

4. 消费者个人特性

对于同一产品，一些消费者的期望会比另一些消费者的期望更高，在使用之后进行评价时也更容易产生不满的情绪。例如，面对航班延误这一状态，那些对航班正点到达期望较高的乘客可能会采取诸如投诉、索赔手段提出抗议；而那些期望较低的乘客则有可能觉得航班延误是一种正常现象，司空见惯，不足为奇。

（二）消费者的实际认知

消费者的实际认知，指的是消费者在使用产品的过程中对产品实际品质的主观评价。

研究发现，无论消费者的期望高低，产品的实际性能如何都会影响满意度。即使消费者对某一产品的品质期望很低，在实际使用过程中当消费者切身体验到该产品的低品质给他带来的诸多不便时，他仍会感觉到不满意。例如，当消费者在夜市上以很低的价格购买了一双鞋子，虽然他对这双鞋子的质量没有很高的期望，但是如果穿了几天之后鞋子就开胶或破损，消费者仍然会有抱怨。

1. 消费者对物质产品的实际认知

一般来说，消费者对物质产品实际品质的认知，是围绕以下几个方面进行的：

（1）性能，指的是关于产品基本操作特征的属性，如汽车的动力系统、操作系统、安全性等。

（2）特色，指的是补充基本特征的属性，如汽车发动机的静音效果、座椅的舒适程度等。

（3）可靠性，指的是产品性能保持前后一致的程度，如汽车无故障行驶的里程数。

（4）耐久性，指的是产品有效使用的寿命，如汽车在报废之前持续使用的时间。

（5）可服务性，指的是企业解决与产品有关的问题的能力，如汽车维修是否方便、员工服务是否礼貌周到等。

（6）美感，指的是产品给人在感官上的印象，也就是看起来、摸起来、听起来如何，如汽车的造型、喷漆的效果等。

（7）兼容性，指的是产品与规格、文献或产业标准相符合的程度，如汽车是否合乎行业的安全标准、汽车的实际操作是否与说明书上说的完全相符等。

（8）声誉，指的是人们对产品过去的表现和性能的一种评价，如人们对该品牌汽车耗油情况、安全情况的一贯评价。

以上这八个方面，通常用于对物质产品品质的实际认知。

2. 消费者对服务产品的实际认知

对于服务产品而言，由于它具有无形性、不可分割性、易变性和易消逝性等特点，因此其品质具有高度的不确定性。要对服务产品的品质进行认知，通常需要一套不同于物质产品的评价标准，这套标准包括以下五个方面：

（1）有形因素，指的是设备、设施及服务人员的表现。由于服务具有无形化的特性，因此要感受到服务的品质非常困难。借助于有形的因素，可以使消费者对于要接受的服务的品质形成一种大致的认识。例如，一家餐厅如果明亮干净，装潢让人感觉温暖舒适，同时服务人员穿着干净、态度友好亲切，往往就会给顾客留下很好的印象。

（2）可靠性，指的是服务人员令人信赖地、准确地进行工作的能力。例如，餐厅服务人员能够按照顾客的实际消费情况和菜单上标明的价格准确地结清账单，就是可靠性的一种表现。

（3）响应性，指的是服务人员及时地为顾客提供服务的意愿与表现。响应性既可以表现为主动的响应，例如餐厅服务人员在顾客的餐碟需要更换时主动予以更换；也可以表现为响应顾客临时的或特殊的需求，例如顾客所需的某种食物或饮料本店没有时，及时到外面进行采购。

（4）承诺性，指的是员工所具有的知识与能力以及由此使顾客产生的信任与信心。例如餐厅服务人员在回答顾客有关食品和饮料方面询问时所表现出来的专业水准。

（5）移情，指的是员工对于顾客所表现出来的在意、关怀与注意。例如，餐厅服务人员认真倾听顾客对于食品口味的要求，或是在顾客点菜的过程中，提醒顾客所点的菜已经够吃了，再多点的话可能会产生浪费。

上述服务产品评价标准是建立在对传统服务业进行研究的基础上的。随着网上购物的不断发展，一些学者专门针对电子商务的服务进行了研究，并提出了电子商务服务评价的标准。

知识链接 11－3

关于网上购物满意度的研究发现影响满意度的主要有四个因素：

1. 网站设计和互动，包括诸如质量信息、消费导航、价格、产品供应、购买程序以及订单追踪等因素。

2. 财务安全和隐私，包括针对欺骗以及身份信息盗用的安全措施，以及不必要的营销活动带来的隐私安全问题。

3. 履行承诺以及可靠性，包括及时送达、订单的准确性、账单的准确性以及产品质量。

4. 消费者服务，包括对于消费者的支持、交流的便利以及清晰公平的退换货政策。

表 11－1 对于影响消费者对物质产品或服务产品实际品质认知的各个要素进行了总结。

表 11－1　影响消费者对物质产品或服务产品实际品质认知的要素

影响对物质产品实际品质认知的要素	影响对服务产品实际品质认知的要素
1. 性能 2. 特色 3. 可靠性 4. 耐久性 5. 可服务性 6. 美感 7. 兼容性 8. 声誉	1. 有形因素 2. 可靠性 3. 响应性 4. 承诺性 5. 移情

（三）对公平性的认知

消费者对产品是否感到满意，不仅取决于他对产品期望功效与实际功效的比较，而且还取决于他对公平性的感知。所谓公平，指的是某个人所感知到的产出与投入之比与别人的产出与投入之比处于一种平衡状态。用公式表示如下：

$$\frac{\text{A 的产出}}{\text{A 的投入}}=\frac{\text{B 的产出}}{\text{B 的投入}}$$

对于消费者来说，当他感觉自己的产出与投入的比例，与企业的产出与投入的比例相等时，就会认为交易是公平的，进而产生满意的感觉。如果他感觉自己的产出与投入的比例小于企业的产出与投入的比例，就认为交易是不公平的，进而产生不满意的感觉。在此，消费者的产出即所获得的包括产品和服务的性能、售后服务以及从交易中所获得的感受，而他的投入则包括时间、金钱和精力。企业的产出即所获得的主要是利润，而其投入则包括提供产品与服务的成本、进行营销的成本。

（四）消费者的归因

消费者的归因，是指消费者对于产品功效不佳背后原因的了解或推测。如果某一产品功效不佳，消费者就会试图确定原因。如果消费者将原因归结为产品或服务本身，就可能会感到不满意。例如，如果由于产品本身设计不合理而导致经常出现故障，这时消费者就会感到很不满意。相反，如果消费者将原因归结为偶然因素或自身的行为，就不太可能感到不满意。例如，如果消费者由于没有仔细阅读说明书而导致产品操作出现故障，这时消费者就不会对生产经营该产品的企业感到愤怒。

一项针对航班经常推迟的航空公司的消费者满意度的调查发现，满意度的高低取决于消费者对航班推迟原因的归属类型。如果消费者认为航班延误是由于恶劣天气这类不可抗因素造成的，消费者往往表示能够理解。但是，如果消费者认为航班延误是由于航空公司自身的原因造成的，消费者就会感到非常愤怒和不满。①

三、消费者不满意及其处理

虽然追求消费者满意是企业的重要目标，不过，一些研究表明，消费者每四次购买行为中就有一次是不满意的。消费者之所以会感到不满，主要的原因在于产品或服务的实际功效没有达到消费者的期望功效，同时还受公平性和归因的影响。消费者产生不满意情绪之后，可能会产生进行负面信息传播、不再重复购买等行为。因此，如何减缓消费者不满意情绪，是企业面临的一个很重要的问题。

具体来说，企业要有效缓解消费者不满的情绪，可以从以下几个方面入手。

（一）提供便利条件，及时发现消费者的不满意情绪

企业首先应该为消费者投诉提供便利条件。很多商场和服务机构都有顾客留言簿或意见簿，供顾客填写他们的意见和建议。一些知名企业例如宝洁、戴尔、海尔、联想等都设立了 800 免费电话，并向公众公布它们的网站和电子邮箱，以促进与顾客的双向沟通，便于顾客进行投诉。

（二）及时解决导致消费者不满意的问题

一般来说，当消费者由于不满而提出抱怨的时候，其目的基本上有两个：第一，减少经济上所遭受的损失；第二，减轻精神上所遭受的损害。为了及时处理消费者的这些要求，企业应该制定一套恰当的规则和程序，公开退换货的条件、流程，明确企业内部不同层级人员在处理顾客投诉上的权限，并向那些直接与消费者接触的人员进行授权，尽量使其在消费者产生抱怨的时候能够现场予以解决。例如，来自瑞典的宜家家居就明确规定，顾客购买宜家的产品之后，在 14 天内不管是由于什么原因感到不满意，只要产品和包装完好，都可以无条件退货。

---

① 参见［美］约翰·莫温，等. 消费者行为学. 北京：清华大学出版社，2003：176.

（三）分析导致消费者不满意的原因

在解决导致消费者不满意的问题的同时，企业还应该对问题进行分析，辨明到底问题的发生是由于偶然性的原因还是产品或服务本身设计上的原因，是企业自身的原因还是其他外部的原因。找出原因之后，再采取有针对性的措施，以便从根本上防止同一问题的再次发生。

（四）未雨绸缪，消除导致消费者不满意的潜在诱因

在消费者提出抱怨后再予以解决，虽然也可以获得比较好的效果，但是，由于消费者不满意的情形已经发生，所以不可避免地会有一定比例的顾客流失，给企业所带来的不良影响也难以彻底清除。因此，企业应该尽量未雨绸缪，在问题还没有被消费者发现或还没有造成严重影响的时候，就本着为消费者负责的精神，采取主动行动加以解决。这样不仅避免了问题的发生，而且还有助于树立企业形象，提高企业的品牌声誉。

第三节　消费者的品牌忠诚

在企业竞争日趋激烈和消费者知识日渐丰富的今天，提供让顾客满意的产品和服务已经成为企业生存的必要条件。但是，仅仅让顾客满意是不够的，企业还必须以创造消费者的品牌忠诚作为自己的目标。

一、品牌忠诚的概念

品牌忠诚是指消费者对某一品牌具有偏好的情感，并且持续购买该品牌。品牌忠诚的这一概念包含两重含义：

其一，从情感角度上来，品牌忠诚表现为消费者在同类产品的各个品牌当中对某一品牌具有强烈的偏好。这种偏好的形成，是因为该品牌的个性与消费者的生活方式、价值观念相吻合，消费者将其作为自己的朋友甚至是精神上的寄托，具有购买该品牌的强烈的欲望。

其二，从行为角度上来讲，品牌忠诚表现为消费者在同类产品的各个品牌当中会持续地购买某一品牌。当然，品牌忠诚并不意味着消费者不会尝试其他品牌，但是，从总体上来看，消费者购买所忠诚的品牌的概率远远高于购买其他品牌的概率。

品牌忠诚与消费者满意是不同的。在某一品牌的所有购买者当中，会有一定比例的人对于购买感到满意，这些人可以称为满意顾客。满意顾客有可能会成为重复购买者，但仍有一部分会转而购买其他品牌。在感到满意并进行重复购买的消费者当中，只有出于感情上的偏好而长期持续购买的情形才是品牌忠诚。但是，在营销实践中，一般认为品牌忠诚顾客是满意顾客与重复购买顾客的交集（见图 11 - 3）。

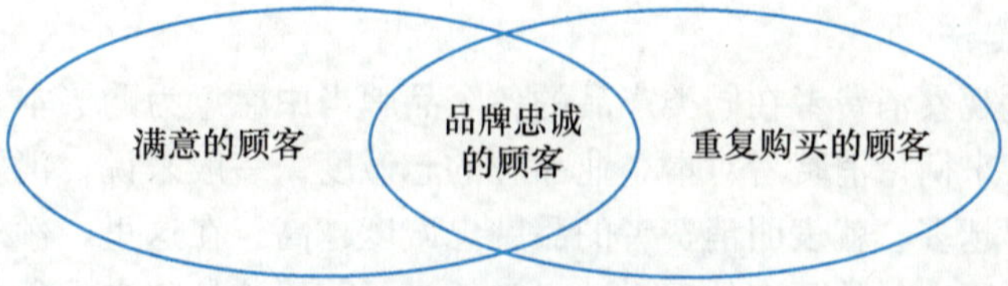

图 11-3　品牌忠诚顾客是满意顾客与重复购买顾客的交集

知识链接 11-4

品牌忠诚有许多来源，包括：

● 品牌认同。即消费者认为该品牌反映或强化了其自我概念的某些方面。这种类型的忠诚在象征性产品（如啤酒、汽车）的购买上最为普遍，在那些需要人际交往的服务中也很常见。

● 品牌舒适。研究发现品牌忠诚可以来自消费者舒适。消费者的舒适是“一种心理状态，消费者对服务的担忧得以缓解，而且对于服务的提供者感到平静和安稳”。

● 品牌愉悦。品牌忠诚也可能是因为该产品的功效高于客户的预期。这些不俗的功效表现与产品或厂商本身有关。

二、品牌忠诚度的测量

对消费者的品牌忠诚度的测定有多种方法，此处主要介绍三种，即购买比例法、购买序列法和成本支出法。

（一）购买比例法

购买比例就是指在一段时期内连续发生的购买某类产品的总次数中，购买特定品牌的次数所占的比例。根据购买比例可以将品牌忠诚划分为三类：

（1）高度忠诚，即重复购买同一品牌产品的比例超过 50%。

（2）中度忠诚，即重复购买同一品牌产品的比例为 10%～50%。

（3）低度忠诚，即重复购买同一品牌产品的比例低于 10%。

（二）购买序列法

一般来说，消费者的品牌忠诚并不是绝对的。有时候，消费者会对某个品牌保持极高的忠诚，但也会偶尔购买其他品牌；有时候，消费者会同时保持对两个或两个以上品牌的忠诚；还有一些情况下，消费者会认为各个品牌之间是无差异的。假设同类产品在市场上存在 A、B、C、D 四个品牌，根据消费者对这四个品牌购买的序列，可以将品牌忠诚划分为五类：

（1）专一的忠诚：购买序列为 AAAAAAAA。

（2）高度的忠诚：购买序列为 AABAAACA。

（3）转换的忠诚：购买序列为 AAAABBBB。

（4）平分的忠诚：购买序列为 AAABBABB。

（5）无忠诚：购买序列为 ABCDDCBA。

（三）成本支出法

企业可以通过观察消费者在同类产品的各个品牌当中愿意为购买本企业的品牌多支出多少额外的成本，来衡量消费者对本企业品牌的忠诚度。一般来说，消费者愿意为本企业的品牌额外支出得越多，就表明消费者的品牌忠诚度越高。在这里，额外的支出既包括购买该品牌产品本身所支付的更多的现金，也包括为了购买该品牌产品所付出的时间成本和精力成本。

三、品牌忠诚的建立过程

一般来说，消费者品牌忠诚的建立需要一个过程，其中包括认知、认可、产生偏好以及建立忠诚四个主要阶段，如图 11－4 所示。

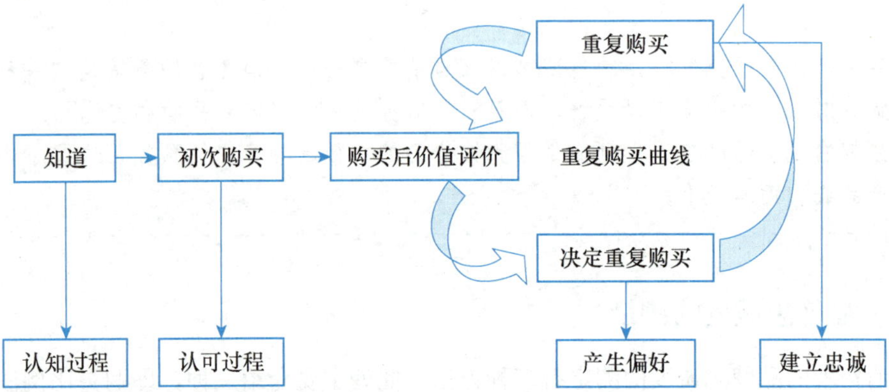

图 11－4　消费者忠诚建立过程

首先，消费者知道某一产品或服务的存在，这就是产品的认知过程；接下来是进行初次购买，这是一个认可产品的过程；之后是对所购买的产品或服务进行价值评估，如果感到满意，就有可能决定重复购买，进而对产品产生偏好，形成对产品或服务的依赖，进行重复购买，即产生了消费者忠诚。多次决定重复购买、实际发生重复购买行为和购买后的价值评估三者形成了一个封闭的循环图，这就是重复购买的曲线图。

本章小结

1. 产品使用是指消费者直接使用产品和享受服务的行为和体验。这种使用行为可以从产品的使用频率、使用数量、使用目的和使用方式四个方面进行分析。与产品使用密切相关的是产品与包装的处置问题。

2. 消费者满意是消费者对所购产品或服务期望的功效与实际功效进行比较后所形成的一种感受。影响消费者满意的因素有四种：消费者的期望、消费者的实际认知、对公平性的认知和消费者的归因。面对顾客的不满意，企业可以从四个方面入手加以缓解。

3. 品牌忠诚是指消费者对某一品牌具有偏好的情感，并且持续购买该品牌。要对消费者的品牌忠诚度进行测定，可以采用购买比例法、购买序列法和成本支出法等不同的方法。消费者品牌忠诚的建立需要一个过程，其中包括认知、认可、产生偏好以及建立忠诚的形成四个主要阶段。

关键概念

产品使用 消费者满意 消费者的归因 品牌忠诚

思考与训练

一、复习思考题

1. 消费者产品使用行为的特征包括哪几个方面?
2. 消费者在面临产品处置问题时有哪几种选择方案?
3. 影响消费者满意的因素有哪些?
4. 企业应该如何处理消费者不满的对策?
5. 品牌忠诚度的测定有哪些方法?
6. 消费者品牌忠诚建立的过程包括哪几个主要阶段?

二、实训题

1. 请列举最近一次让你感觉满意的购买行为，并对你为什么会感觉满意进行分析。
2. 你是某个品牌、服务或店铺的忠诚客户吗?请作简要介绍。

三、案例分析题

阅读下面的案例，并完成讨论。

吉尔特（Gilt Group）是一家在线时尚零售商，以零售价折扣销售奢侈时尚商品。消费者必须注册会员才能访问其内容，并允许参与吉尔特频繁的限时抢购。自 2007 年成立以来，吉尔特已经有了 600 多万名会员。但是，随着限时抢购网站的流行，这类网站的数量迅速增加，竞争也随之更加激烈。因此，吉尔特正在努力创新维持并增加客户数量的方法，并推出了一个名为“吉尔特内部人计划”（Gilt Insider Program）的顾客忠诚计划。该计划采用了一种新颖的忠诚度计算方式。与许多只奖励购买行为的传统忠诚度计划不同，内部人计划奖励点数（被称为内部人积分）为会员提供了与品牌互动的各种活动。会员仍然可以通过购买产品赚取积分，但也可以通过推荐朋友参与限时抢购、通过社交媒体与品牌互动或者浏览网站赚取积分。

吉尔特研究了客户的行为，并将该计划与客户已经采取的行动相结合，以加强客户与品牌的互动。据吉尔特首席营销官伊丽莎白·弗朗西斯（Elizabeth Francis）介绍：“我们希望创建一个全新的忠诚度计划，它不仅仅在会员购买时奖励他们，而且奖励他们与品牌所有形式的互动。吉尔特内部计划的优惠集合了我们会员最强烈的需求，从预售他们喜欢的品牌，到更大幅度的折扣，再到有机会参加更多的活动。奖励计划旨在为吉尔特会员提供一个平台，让他们能挑选自己最想要的回馈。”

这种奖励结构十分独特，但与吉尔特的业务模式非常契合。内部人积分可以兑换各种奖励，包括提前参加限时抢购、获得独家活动信息、额外折扣和免费送货。由于吉尔特的商业模式的核心是开展有限数量的奢侈品的限时抢购，因此提前参与抢购对其客户来说是非常有诱惑力的。

虽然会员可以通过多种类型的参与积累积分，而不只是购买，但在没有购买的情况下，会员往往要花很长时间才能获得足够的积分。例如，会员连续五天浏览网页能获得

100 积分，而把网页推荐给朋友只能获得 25 积分。然而，要想获得免费运送这样的回报则需要 3 500 积分。在不进行购买的情况下，为了达到最低的优惠券折扣（80 美元），会员需要每个工作日浏览一次吉尔特网页连续 250 周。而购买则可以获得每美元 5 积分的回报。

吉尔特内部计划的会员可以获得三种等级 Select、Premier 和 Noir，分别在得到 5 000、10 000 和 25 000 积分时达到。每进入一个等级，会员将获得额外的优惠。

资料来源：[美] 戴维·L. 马瑟思博，戴尔·I. 霍金斯. 消费者行为学：第 14 版. 北京：机械工业出版社，2018：445-446. 有删减。

讨论：

“吉尔特内部人计划”旨在实现两个目标，即增加吉尔特的消费者参与度和销售额。

1. 你认为这一计划是否有助于实现这两个目标？为什么？
2. 你认为这一计划对于实现其中的哪个目标最为有效？为什么？

即测即评

测评试题

主要参考文献

1. ［美］J. 保罗·彼得，杰里·C. 奥尔森. 消费者行为与营销战略：第9版. 王欣双，译. 大连：东北财经大学出版社，2015.

2. ［美］巴里·J. 巴宾，埃里克·G. 哈里斯. 消费者行为学. 李晓，等译. 北京：机械工业出版社，2011.

3. ［美］戴维·L. 马瑟思博，戴尔·I. 霍金斯. 消费者行为学：第14版. 陈荣，等译. 北京：机械工业出版社，2018.

4. ［美］菲利普·科特勒，凯文·莱恩·凯勒. 营销管理：第15版. 何佳讯，等译. 上海：格致出版社，2017.

5. ［美］菲利普·科特勒，加里·阿姆斯特朗. 市场营销：原理与实践：第16版. 楼尊，译. 北京：中国人民大学出版社，2015.

6. ［美］利昂·G. 希夫曼，约瑟夫·维森布里特. 消费者行为学：第11版. 江林，等译. 北京：中国人民大学出版社，2015.

7. ［美］罗格·D. 布莱克韦尔，保罗·W. 米尼德，詹姆斯·F. 恩格尔. 消费者行为学：第10版. 吴振阳，等译. 北京：机械工业出版社，2009.

8. ［美］迈克尔·R. 所罗门. 消费者行为学：第12版. 杨晓燕，等译. 北京：中国人民大学出版社，2018.

9. ［美］菲利普·R. 凯特奥拉，等. 国际市场营销学：第17版. 赵银德，等译. 北京：机械工业出版社，2017.

10. 曹静，等. 消费者行为学. 上海：同济大学出版社，2017.

11. 程桢. 广告策划与策略. 太原：山西经济出版社，2009.

12. 单凤儒，等. 营销心理学. 北京：高等教育出版社，2005.

13. 费明胜，等. 消费者行为学. 北京：人民邮电出版社，2017.

14. 冯军. 消费心理学. 北京：对外经贸大学出版社，2008.

15. 符国群. 消费者行为学. 3版. 北京：高等教育出版社，2015.

16. 顾春梅. 新编市场营销学. 杭州：浙江工商大学出版社，2009.

17. 胡春. 市场营销案例评析. 北京：清华大学出版社，北京交通大学出版社，2008.

18. 贾洪芳，韩鹏. 广告策划. 北京：北京大学出版社，2010.

19. 江林，李志兰. 消费者行为学. 6版. 北京：首都经济贸易大学出版社，2019.

20. 李晓霞，等. 消费心理学. 北京：清华大学出版社，2006.

21. 林建煌. 消费者行为学. 4版. 北京：北京大学出版社，2016.

22. 刘军. 消费心理学. 北京：机械工业出版社，2012.

23. 刘昱．经典营销案例新编．北京：经济管理出版社，2008.

24. 卢泰宏，周懿瑾．消费者行为学：中国消费者透视．2 版．北京：中国人民大学出版社，2015.

25. 罗子明，等．消费心理学．北京：清华大学出版社，2002.

26. 马俊．生意场上必读的读心术．北京：台海出版社，2011.

27. 梅建军．市场营销．北京：化学工业出版社，2011.

28. 苗月新，王生辉．市场营销学．3 版．北京：清华大学出版社，2012.

29. 邱斌，等．市场营销学——基本原理与经典案例．南京：南京大学出版社，2005.

30. 沈蕾．消费者行为学：理论与实务．北京：中国人民大学出版社，2013.

31. 孙丽辉，等．消费者行为学．大连：东北财经大学出版社，2009.

32. 孙喜林．旅游心理学．大连：东北财经大学出版社，2004.

33. 汤俊峰，杨学军，等．成功广告案例评析．北京：中国商业出版社，2001.

34. 陶国富．消费行为心理学．上海：立信会计出版社，2003.

35. 田义江，等．消费心理学．北京：科学出版社，2005.

36. 王官诚．消费心理学．北京：电子工业出版社，2004.

37. 王建铷，等．中欧案例经典．北京：中信出版社，2006.

38. 王曼，白玉苓．消费者行为学．4 版．北京：机械工业出版社，2018.

39. 王生辉．消费者行为分析与实务．4 版．北京：中国人民大学出版社，2020.

40. 王文华．消费者行为学．北京：中国物资出版社，2012.

41. 严宗光．市场营销学：理论、案例与实务．北京：科学出版社，2011.

42. 杨海莹，李秋利．消费心理学．北京：科学出版社，2006.

43. 杨蓉．人力资源管理．大连：东北财经大学出版社，2002.

44. 叶敏，张波，平宇伟．消费者行为学．北京：中国商业出版社，2008.

45. 于惠川，等．消费者心理与行为．北京：清华大学出版社，2012.

46. 张卫星．消费者行为学．北京：北京工业大学出版社，2004.

47. 张中科．消费者行为分析与实务．2 版．北京：中国人民大学出版社，2019.

图书在版编目（CIP）数据

消费者行为分析与实务/王生辉，张京红主编. --2版. --北京：中国人民大学出版社，2021.4
ISBN 978-7-300-29242-7

Ⅰ.①消… Ⅱ.①王… ②张… Ⅲ.①消费者行为论-高等职业教育-教材 Ⅳ.①F713.55

中国版本图书馆CIP数据核字（2021）第060968号

"十二五"职业教育国家规划教材
经全国职业教育教材审定委员会审定
消费者行为分析与实务（第二版）
主编 王生辉 张京红
Xiaofeizhe Xingwei Fenxi yu Shiwu

出版发行	中国人民大学出版社		
社　　址	北京中关村大街31号	**邮政编码**	100080
电　　话	010－62511242（总编室）		010－62511770（质管部）
	010－82501766（邮购部）		010－62514148（门市部）
	010－62515195（发行公司）		010－62515275（盗版举报）
网　　址	http：//www.crup.com.cn		
经　　销	新华书店		
印　　刷	北京溢漾印刷有限公司	**版　　次**	2016年5月第1版
规　　格	185 mm×260 mm　16开本		2021年4月第2版
印　　张	11.25	**印　　次**	2023年12月第4次印刷
字　　数	267 000	**定　　价**	29.00元